京阪神の市電アルバム

1950〜70年代の京都市電・大阪市電・神戸市電

撮影 髙橋 弘　文 髙橋 修

神戸市電下山手六丁目付近　1962(昭和37)年12月17日

©大阪市電 阿倍野橋停留場付近　1967(昭和42)年3月2日

Contents

1章 カラー写真でよみがえる三都の市電　　5
2章 京都市電　　33
3章 大阪市電　　75
4章 神戸市電　　125

はじめに

　高度経済成長の進展により、日本国民の足として自動車が台頭し始めた昭和30年代まで、路面電車は都市部に住む庶民の生活には、欠かせない交通手段だった。日本最初の営業電気鉄道として発足した、京都電気鉄道を祖とする京都市電をはじめ、関西の大都市である大阪、神戸でも市電は地域の隅々まで軌道を伸ばして旅客輸送の要となっていった。

　今、路面電車ありし頃に撮影された写真を目にすると、そこからは第二次世界大戦後の昭和期における日本の街並の変遷を読み解くことができる。木造家屋が並ぶ電車道。あるいは沿線に建つ欧風建築の百貨店や市役所等。少しセピア調を帯びた街の風景に路面電車が自然と溶け込むのは、電車が生きた時代の空気を周囲のモノやヒトと共有していた証しだろうか。背後に写り込んだ建物に、自身の躍動した時代を重ねる方もおられるかも知れない。本書で数十年前の関西三都への時間旅行を楽しんでいただきたい。

冬の寒さは厳しい京都だが、市街地に雪が積もる機会は多くない。降雪を見た翌朝、七条烏丸付近の木々や家屋の屋根は白く染まっていた。◎1965(昭和40)年1月

1章
カラー写真でよみがえる三都の市電

肥後町は伏見区内の旧市街地だ。電車通りには木製の格子戸や木戸を設えた民家が並んでいた。◎1970（昭和45）年3月29日

稲荷線の運転最終日となったこの日。モーター音を響かせて、家屋の間から急行の列車種別板を漬けた電車が、京阪本線との平面交差上(稲荷)に出て来た。◎1970(昭和45)年3月31日

京都タワーより東本願寺の境内を望む。烏丸線は門前付近で広い道路と離れて敷設されている。また、軌道に沿った道路もある。◎1974(昭和49)年

1章　カラー写真でよみがえる三都の市電

九条線は東福寺と西大路車庫を結び、京都市内を外周する路線の一部となっていた。京阪国道口付近から、東寺の境内がある東福寺方を望む。
◎1978(昭和53)年8月1日

1章　カラー写真でよみがえる三都の市電　11

祇園祭の開催時期になると四条通に山鉾が展示される。その傍らを市電はいつも通りに通過して行った。◎1967(昭和42)年7月

鴨川（賀茂川）東岸の河原町線葵橋東詰停留場付近。京都家庭裁判所の建物越しに比叡山の山頂付近が見える。◎1977（昭和52）年9月

1章　カラー写真でよみがえる三都の市電　13

1956（昭和31）年当時の旧国鉄大阪駅前。停留場の電車は大正生まれの1001形。背景の国鉄駅舎にも昭和初期の雰囲気が漂う。
◎1956（昭和31）年4月

天満橋善源寺町線は片町近くで京阪本線と平面交差していた。市電と似た特急塗装の1800系テレビカーが踏切を通過して行った。
◎1967（昭和42）年3月3日

馬場町停留場付近では、大阪城の外濠に面した道路に大手町上本町線、城南線などの軌道があった。◎1967(昭和42)年3月2日

湊町は市電と国鉄関西本線の連絡駅。市電の停留場近くから、道頓堀商店街が延びていた。◎1967(昭和42)年3月2日

地上駅時代の国鉄湊町(現・JR難波)駅を遠望して、賑橋付近を行く4系統の電車。湊町は客貨を扱う大規模な構内を備えていた。◎撮影年不詳

西洋の劇場を彷彿とさせる近鉄百貨店が建つ上本町六丁目に、玉船橋へ向かう9系統の電車が差し掛かる。◎1967(昭和42)年3月2日

南海の難波駅が入った高島屋百貨店が建つ戎橋付近を行く。電車の側面には3年後に開催される大阪万国博覧会の広告が掲出されていた。
◎1967(昭和42)年3月2日

1章　カラー写真でよみがえる三都の市電　19

勘助町〜芦原橋間で国鉄関西本線を跨ぐ西道頓堀天王寺線。1968(昭和43)年10月1日に全線が廃止された。◎1967(昭和42)年3月2日

1章　カラー写真でよみがえる三都の市電

阪急神戸線を潜るのは10系統の運用に就く750形。1936(昭和11)年に竣工した石積みの高架橋は格調高い風格を備えている。◎1969(昭和44)年2月26日

上筒井通を走る布引線の上筒井一丁目付近。赤レンガ壁の建物は1904(明治34)年に建てられた関西学院初代チャペル。撮影時には市民図書館として使用されていた。現在は神戸文学館となっている。◎1969(昭和44)年2月26日

石屋川線は王子公園付近で阪急神戸線を潜っていた。高架橋の大阪方に西灘（現・王子公園）駅がある。◎1969（昭和44年）2月26日

1章　カラー写真でよみがえる三都の市電　25

歩道の街路樹が涼し気な山手、上沢線の下山手六丁目付近。電車の背後に見える建物は下山手カソリック教会だ。◎1962(昭和37)年12月17日

1章　カラー写真でよみがえる三都の市電　27

冬枯れの城山山麓を900形が進んで行く。背景には神戸市立中央市民病院の白い壁が回廊のように続く。◎1962(昭和37)年2月26日

布引線三宮阪急付近を旧国鉄東海道本線と阪急神戸線の三宮駅ホームが跨いでいた。国鉄山陽特急との出会いは、市電の廃止まで見ることができた。
ⓒ1971(昭和46)年1月9日

布引線上筒井一丁目付近。起伏のある軌道上を、上下線ともに続行運転の電車が往来する賑やかな情景だ。◎1969(昭和44)年2月26日

2章
京都市電

京都市交通局
開業：1895（明治27）年2月1日
廃止：1978（昭和53）年9月30日
軌間：1435ミリ（標準軌）、1067ミリ（狭軌）

すっきりとした印象の京都駅前。銀閣寺道行きの800型が3の系統番号札を掲げている。◎1953（昭和28）年1月21日

2章 京都市電

千年の都 "京都" を走った京都市電

　平安京から千年続いた都である京都に、日本初の営業目的の電車が走り出して既に140年以上が経過している。その末裔となるのは現在の京都市交通局の地下鉄となるが、1978（昭和53）年9月30日までは京都の町にも市電が走っていた。

　日本の営業鉄道の発祥は東京の新橋と横浜を結んだ蒸気鉄道で、1875（明治5）年に開業したことに始まる。この路線は後の東海道本線となる路線で、新幹線が開業するまでは関東と関西並びに中国・九州方面を結ぶ大動脈として多くの乗客を運んだ。新幹線開業後は長距離特急列車の運行は減ったものの、大動脈としての役割は現在も引き継がれている。

　鉄道の発達は都市間輸送を活性化して、それまで遠方への移動が少なかった人々の移動手段が大きく変化するきっかけとなった。鉄道の成功はその後の日本の発展にも繋がった。その鉄道にも新しい運転方式が登場したのが当時の最先端技術であった電気を使った鉄道であった。

　1875年に開業した路線とその延伸路線は蒸気機関での運転であったが、鉄道開業の20年後の1895（明治28）年に明治天皇がお住まいを東京に移された関係で衰退してきていた京都の町に新しい光をと、外国から様々な技術が導入された電車の運行もその一つであった。電車の運行は当時の最新技術として京都に導入された電気発電に機縁するところにある。今では普通に使っている電気であるが、明治初期の近代日本にとっては真新しい技術であった。家庭用のほか工業用の動力電動化のために取り入れられたもので、その一つに電車の運行もあった。

　京都電気鉄道（京電）が最初に開業したのは現在の京都駅から南に行った伏見の京橋までの区間で、単行の電車が現在でいえばあぜ道と見違えるような未舗装の道路を走ったのが起源となっている。当時の京都は、現在の京都駅の南側の住宅地の他には伏見稲荷近辺、丹波橋近辺、中書島近辺辺りにしか住宅地が無い畑と田んぼの地域で、現在では想像ができないほどのどかな場所を走っていた。

　路線は単線が基本で勧進橋からは分岐して伏見稲荷大社前までの路線があった。開通当時は蹴上に設置された水力発電所から電気の供給を受けて電車を運行していたが、月に2回ほどは水力発電所の清掃日があり、清掃日には電気の発電も休みになるために電車も運休していた。その後、自前で火力発電所を建設してその運休日も解消されるようになった。

　発電所は現在の新幹線京都駅八条口側乗り場の東端にあたる所に建設され、水力発電と火力発電の共用となっていたが、後に火力発電の時前での供給発電のみで運行されるようになった。しかし、京都電燈が開業した後は自前での電気供給だけでは無く、京都電燈からの電気を購入するようになり、最終的には大正期に入ると自前の発電所からの供給は廃止された。

　路線は最初に伏見方面に開通したが、後の延伸は京都市内側に延伸工事が進められた。最初の電車運行開始後の2ヶ月後には岡崎公園で開催されていた勧業博覧会会場輸送のための路線が開業している。この博覧会は日清戦争の勝利に伴って得た賠償金を使っての実施であり、会期中には112万人もの入場客数を誇った。当然、当時の移動手段として人力車での往来もあったと思われるが、最新技術で運行されていた電車での来場者が多くいたと思われる。

　しかし、京都電気鉄道の繁栄も長く続くことなく、1912（明治45）年に開通した京都市電の影響によって段々とその勢力は衰え、市電が京電との並行路線に路線延伸すると乗客を取られてしまうという感じになってしまった。経営が成り立たなくなってきた京電は京都市電に買収されることになり、大正期に入ると京都市との協議が始まり1918（大正7）年に京都市に買収され、日本初の電気鉄道は廃業となってしまった。

　なお、京電はレール幅が1067mmで建設されていたために買収されてもそのまま京都市電が走ることが出来ず（京都市電はレール幅が1435mm）、一部の路線は3線の共用線路となったが、大部分が京都市電の専用

鴨川の二条大橋を渡る京都電鉄（京電）の粟田行き電車。ステップに立っている少年は、電車の接近を知らせる「先走り」。少年が電車に接触する事故が多発したため、この添乗は1904年までに廃止された。◎1897(明治30)年　提供：朝日新聞社

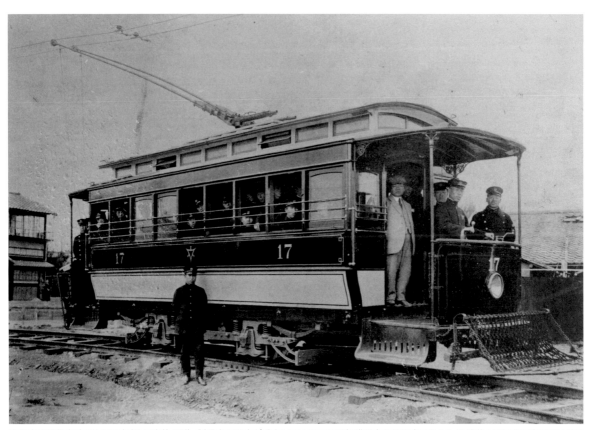

京都市電開業当時の1形電車（後の広軌1形）。制服姿の学生が乗車しているのは運転講習会か見学会であろうか。広軌1形は前面窓を取り付けて1950(昭和25)年まで使用された。◎壬生車庫　1912(明治45)年　提供：朝日新聞社

2章　京都市電　35

路線を新規に開業して旧京電の路線は廃線となった。

　最後まで残った元京電の路線は京都駅前から西洞院通りを四条まで走り、市電の四条線と共用区間を経て堀川を北上して中立売りから北野天満宮まで走っていた北野線（一部では堀川線とも呼ばれていた）のみが京電のスタイルを残したままで運行されていた。昭和20年代後期までは京電時代のナンバーで車番の頭にNの表記が取り付けられていたことから「N電」とも呼ばれていた。

　N電と呼ばれていた北野線の電車は京都鉄道博物館に隣接する梅小路公園内の線路を今でも走っている。給電方式は蓄電池化されているが、その姿を見ることが出来る。また愛知県にある明治村にも２輌のN電が走っており、独特な木造小型電車を乗車体験することが可能である。車輌は明治末期に登場した車輌であるがそれでも100年以上以前に活躍していた電車に乗れるのは貴重なことである。

　1912（明治45）年に開業した京都市電は、それまでも碁盤の目に道が作られていた京都の町にさらに大きな道を作る形で路線延長をしていった。現在の京都市内の片側２車線の道路のほとんどが京都市電が開業した際に道路拡幅された道で、外郭線となる東大路、北大路、西大路、九条通りの内側の道路は市電が走っておらず、戦中の強制疎開で拡幅工事された御池通り、五条通り、堀川通りを除いて現在の京都の町並みを作ったのは京都市電の開業があったからだといって過言ではない。

　京都市電は最初の車庫となった壬生車庫（現在の中京警察署、壬生団地）と烏丸通りを結ぶ路線から始まっている。当時は京都駅前のことを七条駅前と呼んでおり、烏丸通りを丸太町まで走り、丸太町を西進して千本通りを南下して千本三条からは京都市内では珍しい斜めの道路を走り壬生車庫までが開通している。このほかに四条線の西洞院通りから四条小橋間も同時に開通し、翌年には壬生車庫前から四条通りまで、四条線は大宮から堀川までと千本丸太町から千本今出川までの区間など東山線の一部も翌年には開通している。

　1918（大正７）年までは競合相手であった京電と共存していたものの、路線が重複している所では三線軌道として運行されていた。京電買収後にはそのまま路線で広軌化の工事が行われた区間もあったが、大部分が京都市電の新規路線として道路拡幅とともに開業した路線が多くあった。特に河原町通りは五条の手前までは従来の京電の路線の拡幅工事で開通、それより北側は新規で河原町通りを拡幅して開業している。

　京電は五条より二条までの区間は現在の木屋町通りに線路があったが、今の情景から見るとここに電車が走っていたのかと思うぐらいに狭い道路である。ここの六条から四条の間も京都市内としては珍しく少し斜めに道路が走っているところであるが、これも市電開通の拡幅工事の名残かも知れない。

　1918（大正７）年の京電買収後は京電の路線改良並びに廃止が大正期に行われ、最後に残った北野線のみが京電時代のままの1067mm区間の路線として残った。なぜ北野線のみが1067mmで残ってしまったかは諸説色々あるが、沿線に大きな工場、施設があった訳ではなく、小型の２軸単車のままの運行でも対応が出来ると考えられたために京電スタイルの電車がそのまま残ってしまったのではないかと思われる。今でも残っていれば京都の名物観光電車となったかも知れないが、北野線は京都市電の全廃計画とは別になる1961（昭和36）年に他の市電路線より一足先に廃止されている。

　昭和期に入ると京電が走っていた区間の改良工事のみならず新規での路線延長も行われるようになってきた。東側では東山線の熊野神社前から百万遍までの区間、今出川線の銀閣寺までの区間、北大路線の部分開通などが昭和初期に行われている。京電からの路線改良は1929（昭和４）年の河原町線内浜〜塩小路延伸開業に伴い木屋町線の塩小路〜七条高倉、塩小路東洞院〜七条東洞院休止、東洞院車庫廃止が廃止され京電の狭軌軌隔拡張工事は基本的に完了している。

　N電北野線以外の元京電の路線の統廃合が完了すると、京都の街中には京都市電が縦横無尽に走るようになった。外郭線と呼ばれた路線の内側には東西路線は北から今出川通り、丸太町通り、四条通り、七条通りが、南北には東から河原町通り、烏丸通り、大宮通り・千本通りと碁盤の目にそった形で路線延長が行われた、日本初の営業電車として開通した伏見・稲荷線も京都市電に買収されると広軌化の工事が行われ、市電が中書島ないしは稲荷まで走るようになった。元々併用軌道と専用軌道の両方があった伏見線では、京都市電では珍しかった専用軌道の区間も伏見丹波橋付近に存在していた。なお勧進橋から分岐していた稲荷線は専用軌

まもなく廃止される木屋町線の木屋町御池停留場に停まる12系統の京都駅前発（東回り）北野行き電車。高瀬川に沿って京町屋が並ぶが並ぶ木屋町通りを走っていたが、1926年9月1日に廃止された。◎1926（大正15）年　提供：朝日新聞社

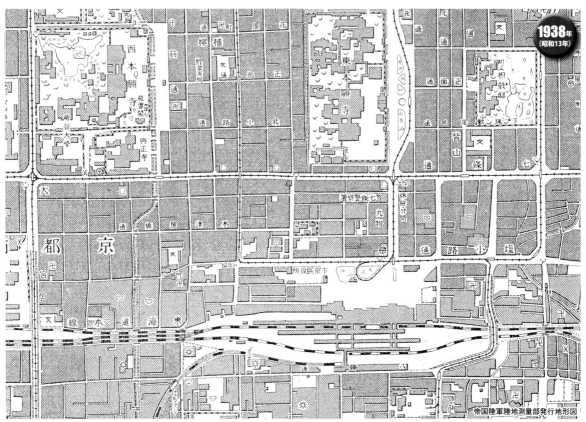

旧国鉄京都駅の烏丸口広場は、市電が市内を横断していた七条通りから南へ一筋入った塩小路沿いにあった。そのため、軌道は河原町、烏丸、堀川の各通りから塩小路通へ乗り入れていた。駅前には電車が方向転換するためのリバースループがあった。

2章　京都市電　37

道で稲荷電停まで運転されていたのが特徴であった。

　戦時中末期には現在の南広町付近に大きな工場が建設されたのに伴い、西大路四条から梅津線が1945（昭和20）年2月に建設され、多くの工具を運んだ記録が残っている。梅津線自体は後に四条大宮と西大路四条を結んでいたトロリーバスの延伸工事で、路面電車での運行は廃止されてしまった。しかし、トロリーバスはその後も延伸工事が行われ、最終的には松尾橋の東側まで延伸工事が行われている。なお京都市のトロリーバスは都市交通機関としての運行としては1932（昭和7）年に開通した京都市が初めてで、それ以前には兵庫県の川西能勢口付近の花屋敷に1928年にわずか1.4キロほどの区間が開通しているが4年ほどで廃止されている。

　トロリーバス自体はその後、東京都・横浜市・名古屋市・大阪市で採用されたが、どこの都市も路面電車より先に廃止となってしまっている。全世界的に見るとトロリーバスが普及している交通機関として見かけるが、日本では現在黒部ダムのトロリーバスのみの運行となってしまっているが、こちらも2018年11月末の廃止が決定している。

　戦後の京都市電の延伸工事は、路線の繋がっていなかった所の延伸工事が行われ、今出川線の銀閣寺と丸太町線の東天王町間、河原町線の北側の延伸となった洛北高校前（北大路下鴨本通り）までの区間であった下鴨本通りの路線、今出川線の嵐電北野線の北野線との重複路線となる北野紙屋川町〜北野白梅町開業区間の延伸工事となり、1958（昭和33）年9月には最大距離68.6キロの延伸距離を誇る都市交通機関として活躍するようになった。

　しかし京都市電の路面電車としての運行区間は全線が開通した3ヶ月後には梅津線のトロリーバス化でレールの撤去が始まっている。この梅津線のレール撤去はトロリーバスの延伸工事の影響なので発展的なレール撤去であったが、1950年代後半から始まったモータリゼーションの影響により徐々にその活躍の場所を減らして行くことになる。まず、市電全廃計画とは関係無く廃止されたのが京電からの引き継ぎ路線として京都駅から北野天満宮までを結んでいた北野線であった。北野線は明治期の路面電車スタイルをそのまま残した電車であったために、小型の2軸単車で運転手・車掌さんはオープンデッキに乗車しての運行並びに昭和30年代には他の京都市電は集電装置の変更を行っていたが、N電はポールのままで残ってしまっていた。

　そのようなことからだと思われるが、京都市電の廃止の先陣を切ってまず北野線N電が1961（昭和36）年に全線が廃止された。N電の廃止は四条線の西洞院と堀川間に残っていた三線軌道も廃止され、1067mmと1435mmとの平面交差があった西洞院七条、千本中立売の異軌間平面交差も廃止されることになった。またオープンデッキの路面電車であったN電の廃止は全国から多くのファンを呼び寄せ一大ブームとなった。廃止に際しては一部の車輛で明治期の復元車輛にされた車輛も登場してお別れに花を添えた。

　北野線N電廃止後は路線の廃止はなかったが、運用の合理化が行われ、ワンマンカー運転並びに連結運転の開始が行われた。1964（昭和39）年末には京都市電最後の新造車であった2000形ワンマンカーが登場している。しかし、その後市電の全廃化計画が発表されまず最初に日本初の営業電車として開通した京電の末裔となる伏見・稲荷線が1970（昭和45）年に廃止されたのを皮切りに、1972年には京都の繁華街を走る四条線を中心にした四条・大宮・千本線が廃止され京都市電最初の車庫として開場した壬生車庫壬生工場も廃止されてしまった。

　1974（昭和49）年には京都の南北のメインストリートを走っていた烏丸線が、地下鉄烏丸線の工事のために廃止され、1976年には北の東西路線として走っていた今出川、白川、丸太町線が廃止され錦林車庫が廃止、翌1977（昭和52）年には河原町線と、七条線の河原町からの西側、残っていた烏丸線と京都駅前メインターミナルが廃止されてしまい、残ったのは京都駅前の河原町線から河原町七条から東大路まで走る七条線並びに外郭線となる東大路・北大路・西大路・九条の各路線であり、電車モ京都駅前から烏丸車庫前までの6系統と外郭線を走る22系統のみとなってしまった。しかし、残った路線も河原町線などの廃止の翌年の1978（昭和53）年9月30日で全廃され、京電時代から続いた京都市電の路面電車運行は83年の歴史に終止符を打ったのだった。

京都を走った市電の形式

【N電（狭軌1形）】

京電からの引き継ぎ路線として1961年まで活躍した北野線の車輌である。昭和20年代半ばまでは京都市電の広軌1形との重複を避けるため車体番号に「N」をつけて区別されていた（「N電」という通称由来）。京電の買収当時は133輌を引き継いだが、旧京電路線が減るのに従い数を減らして北野線廃止前年には28輌となっていた。N付番時代は通しのナンバーではなかったが、1955（昭和30）年に改番を行い、1から28にまとめられた。廃止の年の3月末に6輌が廃車され、最後まで残ったのは22輌であった。現在、京電の台車と言われている1個モーターの台車が大宮の鉄道博物館に収蔵さえている。

【1形（広軌1形）】

1912（明治45）年に開業した京都市電気軌道事務所（後の京都市交通局）1形で、スタイルは当時の路面電車では標準であったオープンデッキ型の木造2軸単車であった。1912年6月の開業時に40輌、同年中に55輌、翌年に72輌、1921年に2輌が増備された。そのうち2輌は貴賓車となっていたが、1923年には格下げされた。1938年に長崎電気軌道へ5輌、大連都市交通（大連市電）へ10輌が譲渡され、1940年より廃車が始まっている。戦後まで残った1形も伏見・稲荷線などでドアを取り付けられ使用されたが、1952（昭和27）年に最後に残った33輌が廃車され全廃となった。なお末期にはビューゲル仕様となっていた。

【180形・200形・300形】

180形（181号）・200形・300形は半鋼製の2軸単車。一番製造が古いのが300形で1925（大正14）年に登場。外観はスチールで覆われている50輌が登場。次に200形が1927（昭和2）年に登場。しかし200形では外観が木製となった。最終的に93輌が製造された。この2形式は1959（昭和34）年まで活躍した。180形181号はN電の広軌改造車で1輌のみ1929（昭和4）年に改造され、1950（昭和25）年まで使用。ちなみに180形182号は京津電車からの譲渡車で1935年から1940年にかけて使われた。

【500形】

1924（大正13）年から1928年にかけて40輌が製造された。新造時の車体形態は大まかに分けて501～510、511～517、518～540の3種類があった。全長は約13.5mで屋根はシングルルーフ、側面窓配置D2 2 2D2 2 2Dの3扉の大型車であった。しかし昭和初期の不況下で乗客数の低迷が続くと、1935（昭和10）年から1936年にかけて514～517の4輌が台車・電装部品を利用し、小型ボギー車に改造された。廃車は1968（昭和43）年から1970年にかけて行われた。なお500形は大型・小型問わず伏見・稲荷線の廃線でワンマン化されることなく廃車された。

【1000形】

1949（昭和24）年から1950年にかけて32輌が登場。日本車両、日立製作所、広瀬製作所の3社で製造をされた車体は全長13.8m、全幅2.43mで窓配置1D5D5D1の京都市電最大級の3扉大型ボギー電車として戦後初の新形式電車として登場した。扉は3ヶ所とも自動扉で1949年より開始された京福電鉄叡山線の乗り入れ車輌としても活躍した。500形とともに1958（昭和33）年には中扉を締切2扉車となり、四条・千本・大宮線壬生車庫の廃止と共に全車廃車された。

【600・1600形】

1937年から1942年（戦時型の10輌の竣工は1947年）にかけて95輌が製造された

車体は製造時期によって601～685と686～695の2種類があった。青電と呼ばれた601～685は全長10.7mで扉部分から前側が絞られていたが、戦時体制下で製造された686～695は全長が11mに延長され、絞りはなくなった。登場後20年で更新工事が行われたが、1964（昭和39）年からワンマン改造が行われ2600形（別項で紹介）、1600形（1601～1604は欠番）となった。最終的に戦時型10輌とワンマン改造されなかった4輌が600形のまま廃車された。

【700形】

1958（昭和33）年から1962年にかけてナニワ工機（現・アルナ車両）と東洋工機で48輌が製造された。車体は600形以来の京都市電スタイルを継承しつつも、準張殻構造の軽量車体が採用され、浅い屋根と大きなアルミサッシ窓と軽快な電車となった。また、塗装もそ

れまでの京都市電とは違う明るいクリーム色とライトグリーンの新塗装となって登場した。しかし、美人薄命とはよく言ったもので、700形はワンマン改造は行われず、烏丸線廃線とともに全廃した。

【2600形】

2000形とともに京都市電の合理化の一環としてワンマンカーとして登場した2600形は、600形からの改造車であった。車体は扉1枚約1mほど延長され、塗色などワンマン仕様は2000形と同じとなっている。600形の特徴であった車体前側の絞りはそのまま残っていた。また、当時では珍しく制動灯が採用されていた。2000形とともに河原町線廃線時に全車廃車された。なお、連結運転終了後の外された連結器は嵐電に譲渡されている。

【2000形】

合理化の一環として登場した京都市電初のワンマンカー2000形は連結運転も可能であった。1964年から1965年にかけて2001～2006の計6輌がナニワ工機で製造された。ワンマンカーとして登場した2000形は腰下の色が緑から青に変更、前面にオレンジのワンマン帯、夜間のワンマンカー識別のためにヘッドが2灯式となった。同時期に600形改造の2600系とともに活躍したが、1967年からは腰下の青が従来の緑に塗色変更された。連結運転も1971年で終了し、河原町線廃線とともに廃車されたが5輌は四国の伊予鉄道に譲渡された。

【800・1800形】

1950（昭和25）年から1955年にかけて90輌が製造された。1000形に続いて戦後の新造車として登場した800形は製造時期メーカーの違いから車体は3種類あった。基本形状の801～865は車体中央部裾にスカートがついていたが、866～880は直線となった。最終増備に10輌は900形登場後の製造でスタイル的には900形と同じになった。ワンマン改造は1968年から行われ、総数70輌が登場した。基本的には直接制御車から改造されたが、5輌は間接制御器を直接制御器に改造され登場している。外見的にはヘッドライトの2灯化、ワンマン表示機並びに中扉に改造された。市電全廃まで活躍し、一部は阪堺電車に譲渡された。最終増備の10輌は前面のスタイルが900形と同じになった。

【900・1900形】

800形に続き登場した900形は中型車で登場した。901～915は間接制御車で登場したが、916～935は直接制御車で登場した。京都市電は800・900・700形と同一形式内でも直接制御車と間接制御車が混在した。ワンマン改造は直接制御車から行われ1916～1931の16輌が1800形と同様に改造された。一部の車輌を除いて1800形とともに京都市電最後の形式として全廃まで使用された。廃車後は前年に廃車された1900形とともに広島電鉄に譲渡され、現在も活躍中である。

トロリーバス

本邦初の公営交通のトロリーバスとして四条大宮と西大路四条間で活躍した車輌は当初は輸入車もあった。ここでは1952（昭和27）年まで活躍した、戦前に登場の車輌を紹介する。

1932（昭和7）年に登場した2輌（1・2号）はイギリス、ガイ・モータース製。2扉車で扉は4枚折戸であった。1形と同時に導入された2形の2輌（3・4号）は同じくイギリスのイングリッシュ・エレクトリック製で1枚扉車であった。3形（5・7号）は国産となり、日本車輌で2輌が製造された。

4形6号は1輌のみの製造で、川崎車輌にて製造された。

【100形】

1952（昭和27）年から翌1953年にかけて1形と入れ替わりに登場した形式。全6輌が新造されている。1形3号車以降と同様入口は中央一箇所となり、車長もほぼ同じであるが、各部装置に近代化が図られた。車体にはアルミが多用され、扉は空気戸閉機による自動開閉装置が搭載された。電動機は100馬力1基を車体後部に取り付け駆動していた。制御装置は間接自動制御方式を採用した。主制御器を車体後部としたため前部がクロスシートとなり、座席定員31名で定員56名と1形より大型化されている。また、トロリーポールは先端集電部に摺動子を採用、1形のホイール式とは異なっていた。廃車はトロリーバス全廃前の1968（昭和43）年9月に行われている。

【200形】

1955（昭和30）年製で2輌が製造された（201-202

号)。2扉車車体で前面には飾りパーツが取り付けられていた。車体は当時多くの路面電車を製造していたナニワ工機製で、下回りは日野ディーゼル製となっていた。末期にはワンマン改造が行われたが使用されることはなかった。廃車はトロリーバス廃止時と同時に行われている。

【300形】

トロリーバスとしては最後に製造された車輌で、1958(昭和33)年から1965(昭和40)年の間に渡って増備された。車長は200形より50センチ長く、主制御器などは市電と同じく車体床下につり下げられたため、後部機器室が無かったのが特徴であった。そのため乗客定員は75名と増加している。室内は全席ロングシート。室内灯や方向幕灯はMGによる蛍光灯を使用していた。1965(昭和40)年から1966年にかけて301～317号車までのワンマン化工事が行われたが、200形と同じくワンマン運転されることなく1969年9月末のトロリーバス全廃時に廃車されている。

貨車など

散水車2号。京都市電ではN電と広軌線でそれぞれ散水車をもっていたが、1940(昭和15)年頃には使われることはなくなっていた。

親子電車

終戦直後の1947(昭和22)年12月10日から1948年10月20日までの間、電動機故障で自力で走れなくなった1形22輌が、600形のトレーラーとなる「親子電車」として運用されている。

単車の電動貨車として活躍した貨3。戦時中は多くの荷物を運んだが、徐々に活躍の場が減り、最終的に1973(昭和48)年に廃車された。貨車は花電車などに使われることも多かった。

停留場に差し掛かって車体が歩道側へ寄ると、屋上の集電装置は道路中央部の架線と接続するため斜めに大きく傾く。
◎1969(昭和44)年9月24日

人々がせわしげに行き交う師走の京都駅前。大きな広告看板越しに地元の百貨店であった丸物のビルが見える。◎1955(昭和30)年12月25日

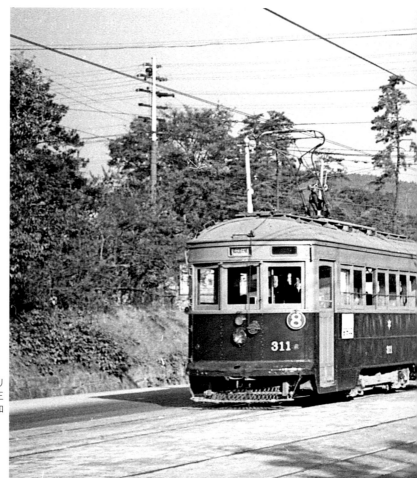

東山七条から七条線に入った8系統。車体のリベットが厳めしい表情の300形は、1925(大正14)年から50両が製造された。◎1955(昭和30)年8月31日

百万遍行きの表示を掲げて次の仕業を待つ600形。隣に留置されている200形はもはや現役を退いたのか、前にオートバイが置かれている。集電装置はポールのままだ。◎1955(昭和30)年8月31日

稲荷を出るとすぐに石畳が途絶えて専用軌道へ入る。沿線の木造2階建ての建物が好ましい佇まいだ。◎1956(昭和31)年10月15日

稲荷線は勧進橋で伏見線と合流する。伏見線の電車が停車すると、19の系統番号板を掲出した電車が東高瀬川を渡って来た。◎1956(昭和31)年10月15日

市街地の西部を四条通に沿って走っていた梅津線。1950年代の庶民にとって通勤通学の足は自転車が主だった。©1957(昭和32)年9月

2章 京都市電 49

標準軌の四条線と狭軌の堀川線が軌道を共用する四条堀川付近で、狭軌1形と900型が顔を揃えた。道路上には京都市営のボンネットバスも姿を現した。◎1961（昭和36）年3月20日

七条線は七条大橋付近で京阪本線と平面交差していた。市電を待たせて踏切を渡って行く京阪電車は1950年代に特急へ充当された1000型だ。◎1956(昭和31)年1月12日

沿線に立ち並ぶ家屋の軒先をかすめるようにして、N電は石畳敷きの軌道をゆっくりと走って行った。◎1961(昭和36)年7月27日

暑い夏の日には運転士さんも開襟シャツの襟を大きく開けていた。デッキを吹き抜ける風が、炎天下での僅かな救いだ。◎1961（昭和36）年7月28日

6線共用区間でN電同士が擦れ違う。開業時に投入された狭軌1形は、最後まで集電装置にトロリーポールを用いていた。◎1961（昭和36）年7月31日

開業以来、終始狭軌路線として運行されてきた堀川線は、1961(昭和36)年8月1日を以って廃止された。廃止の前日には、車体に装飾を施した惜別電車を運転した。◎1961(昭和36)年7月31日

七条線と交差する七条西洞院付近。国鉄京都駅に近い周辺は、飲食店やパチンコ店等が建ち並ぶ歓楽街だ。◎1961(昭和36)年7月28日

路線名の通り、堀川線の電車は東堀川通を走る区間で、堀川の流れに沿ってモーター音を響かせた。◎1961(昭和36)年3月20日

畔には石が積まれ、柳の枝がなびく堀川。その傍らを二重屋根の単車が走る。あたかも路面電車の創成期を想わせる情景が1960年代まで日常にあった。◎1961(昭和36)年7月3日

伏見線の盲腸線だった稲荷線。京阪の伏見稲荷駅付近には京阪本線との平面交差があった。◎1970(昭和45)年3月31日

運転最終日の伏見線。中書島の行先表示も今日限りだ。画面の左手奥に車体へ装飾を施された惜別電車が見える。◎1970(昭和45)年3月31日

四条烏丸界隈は銀行等が集まる金融街だ。大きな道路同士の交差点で烏丸線と四条線もまた、同じく十字に交差していた。
◎1969(昭和44)年6月24日

一の鳥居が建つ北野天満宮の前を横切る1600形。600形をワンマン化改造して誕生した形式だ。1976(昭和51)年3月31日

2章 京都市電 61

午後の京都駅前。烏丸通に向かって進行方向を大きく変えた1800形の車体がきらめいた。◎1977(昭和52)年9月30日

三条通りには京阪京津線の路面軌道があり、市電と平面交差していた。準急の列車種別板を掲出した京阪260型が交差点を渡って行った。
◎1978(昭和53)年8月10日

東側に八坂神社の杜が広がる東山線の祇園交差点付近。廃止を間近に控えた1978(昭和53)年の撮影。◎1978(昭和53)年9月17日

塩小路沿いの京都駅前付近。1970年代に入ると街の玄関口らしく、高いビルが建ち並び始めた。◎1977(昭和52)年9月27日

東山線東山三条付近を行く京都駅行きの6系統。前方の三条通に京阪京津線の架線が見える。◎1978(昭和53)年8月10日

京都駅前に全廃まで使用された1800型と1900型が並んだ。◎1978(昭和53)年3月19日

高さ131メートルの京都タワーは1964(昭和39)年の竣工。観光都市京都の新たなランドマークとなった。◎1974(昭和49)年3月29日

2章 京都市電

東山線五条坂。名刹清水寺の最寄りであり、たくさんの観光客が電車に乗ろうとしている。背後の高架道路は国道1号線だ。◎1978(昭和53)年9月24日

1960年代までは、映画館や芝居小屋がひしめく興行街だった西陣京極地区。ぎおんとひらがなで行先を表示した1系統の電車がやって来た。◎1972(昭和47)年1月18日

2章 京都市電 69

京都市電の祖となった広軌1形。廃車後も保存されていた29号は、1974(昭和49)年に無通電ながら1900型に牽引されて本線を走行した。◎1974(昭和49)年3月2日

壬生車庫前にて。停車する回送電車を横目に、烏丸車庫行きの21系統電車が通りを駆けて行った。◎1972（昭和47）年1月25日

四条大宮の停留所で信号待ちの300形。トロリーバスが京都から姿を消した1960年代の末期。大通りはまだ今日ほど、自動車で混み合ってはいなかった。◎1969(昭和44)年9月27日

自動車と連なって通りを行く姿は、一見して普通のバスと変わらない。丸みを帯びた後ろ姿が愛らしい。◎1969(昭和44)年9月24日

大宮の交差点を四条通へ曲がるトロリーバス。通りの東方には四条線の路面軌道が延びている。◎1969(昭和44)年9月28日

2章 京都市電 73

四条大宮でトロリーバスは路面電車と出会う。トロリーバスに転換される以前は、交差点から3方向に軌道が広がっていた。
◎1969（昭和44）年9月24日

路線の廃止に伴い、車両には惜別の横断幕が掛けられた。300形は梅津線が無軌条化された1958（昭和33）年より18両が製造された。
◎1969（昭和44）年9月27日

3章
大阪市電

大阪市交通局
開業：1903（明治36）年9月12日
廃止：1969（昭和44）年3月31日
軌間：1435ミリ（標準軌）

天王寺駅前から市電の軌道が横切る西方を望む。動物園や美術館がある天王寺公園越しに、通天閣が遠望される。◎1969（昭和44）年11月29日

3章 大阪市電

公営交通初の路面電車を運行した大阪市交通局

　大阪市の市電は20世紀に入った直後の1903（明治36）年9月12日に開業している。まず最初に開業した区間は花園橋（現在の九条新道）〜築港桟橋（大阪港）の5キロほどの区間であった。これは私鉄大国と呼ばれる関西の電車世界の中でも早いうちに開業した電車である。また街の中心部よりも、当時の近代大阪の象徴の一つとして建設された大阪港築港大桟橋の近くに路線を開業していることに、新しい大阪を作りだそうという意気込みがあったのであろう。この第一期路線の開業によって大阪市の路面電車網のスタートがきられたのであった。

　第一期路線の鏡川町電停には大阪市交通局の本局がおかれ、現在も交通局の本局があるところである。現在は高層ビル化されているが、2004（平成16）年までは1930（昭和5）年頃に建築された昭和初期のコンクリート建築の立派な建物が使われていた。市電が開通した頃、この辺りは未開の地としてこれから街づくりが始まる場所だったようで、夕凪橋付近では農耕地が広がっていた。

　第一期路線の終点の地は後の大阪港と呼ばれるところで公営の港湾施設建設の先駆けとなった港であった。また大都市が自らの手で港湾施設を整備した最初の港と言われている。現在では大阪メトロ中央線の大阪港の駅となり、近くには大型観光施設なども建設されて港湾以外にも観光地として賑わっているところである。

　次に開業する第二期路線は明治41（1908）年頃に四つ橋を中心に開業している。四つ橋を中心に南北線と東西線の開通は大阪市の街中に路面電車が走るきっかけとなった路線で総延長は11キロほどにものぼった。第二期路線は、北は現在の大阪駅前と渡辺橋難波駅前から恵美須町までの南北路線と第一期路線との接続となる西側が九条中一から末吉橋までの東西方向の路線で形成されていた。

　開通は基本路線となる大阪駅前から恵美須町までの区間が1908（明治41）年に東西線は九条中一から末吉橋までが開通しその後徐々に延伸を続けて行った。翌年の1909年には川口町から九条中一近くの花園橋までの区間が、1910年には大阪駅前からは東に進み、すぐ南進して淀屋橋から大阪駅前から恵美須町まで結んでいた南北路線と接続し環状状態となっていた。

　なお渡辺橋は戦時中に電停としての役目は終えて、その後は肥後橋がその役目を担っていた。この辺りの電停の位置移動は開業当時とその後とでは随分と変化しており、肥後橋自体は、南北路線が開業した当時は戦後の肥後橋電停より100mほど上流側の西横堀川合流点東側に設置されていた。なお肥後橋電停は1936（昭和11）年に設けられ、それまでは100mほど南側に土佐堀船町という電停が設置されていた。

　なお渡辺橋と接続していた梅田新町から大江橋で西に向き西進してくる路線は、1945（昭和20）年に廃線となっている（西進路線のみ廃止）。廃止になった西進の路線の代わりは1936年に淀屋橋から肥後橋を経由堂島大橋、船津橋がその代わりをになって肥後橋が南北路線との交差点となった。四つ橋という電停名は当然四つ橋という橋が存在したから名付けられたもので、川が十字になっている所に橋が4本かかっていたことから四つ橋と呼ばれるようになった。昭和初期までは大阪の市内でも運河が多く存在していたが、戦後になるとその運河も埋め立てられて道路となり建物が建ち並ぶ町並みとなってしまった。水の都と呼ばれた大阪の町から川（運河）が減っていったのはさみしいことであったが、川があった頃の名前が現在も引き継がれているところに水の都だった名残を感じることが出来る。

　第二期路線で代表的な電停になると大阪駅前電停である。南北路線が開通当初は行き止まりの電停であったが、後に通過して梅田新道方面の路線が出来ると通過電停となり、多くの電車が行き交うことになった。複線の路線電停であったが、それだけでは多くの電車を捌くことが出来ずに後に待避線が作られる大きなターミナルとなった。電停の長さも現在の大阪駅前にある百貨店の横幅がそのまま電停の長さになるぐらいの大

開業まもない大阪市電の花園橋停留場付近(現在の西区九条付近)。2階建て電車は大阪築港での「魚釣り行楽電車」として人気があり、釣り竿のようなトロリーポールと相まって「釣り電車」と呼ばれた。◎1904(明治37)年　提供:朝日新聞社

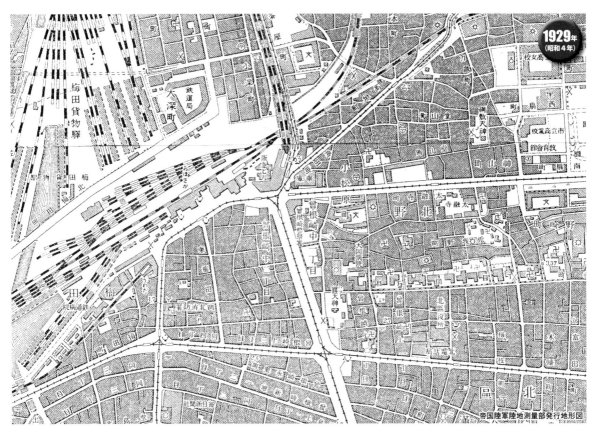

旧国鉄大阪駅の周辺は北側に巨大な梅田貨物駅が広がっていたため、市電はもっぱら駅の南側に乗り入れていた。御堂筋をはじめとする大通りは淀屋橋等、市の中心部を目指して駅前から南へ延びていた。軌道もまた主要道路上に網の目のように張り巡らされていた。

きな電停であった。大阪駅前は名前の通り、現在のJR大阪駅である鉄道省後の国鉄大阪駅である。私鉄は阪急電車と阪神電車が梅田駅として存在していた。また地下鉄が開業すると4路線の接続駅となった市電最盛期の大阪駅前電停はその大きさでも捌ききれない乗降客数を誇ったそうである。

　南北路線の南側のターミナルが、南海難波駅前にあった難波駅前電停であった。キタの梅田、ミナミの難波と呼ばれるぐらいの大阪の繁華街である中心地になるのが南海難波駅付近で、現在も繁華街として賑わっている場所である。南海は大阪の鉄道の中でも私鉄としては最古の路線で、大阪と堺（後に和歌山まで）を結んだ鉄道の発祥の地として、現在も南海電車の起点駅として多くの電車が発車している。

　そうした南海難波駅前にあった難波駅前電停は、大阪駅前と同様に多くの乗降客数を誇った電停であった。しかし、大阪駅前ほどの電停の大きさはなかった。それは乗り継ぐ鉄道が南海電車であったからであろう。しかし、難波駅が駅ターミナルとして百貨店が開業すると多くの乗客を運んだのであった。

　第三期路線は1911（明治44）年になると大阪市の中心部を縦横無尽に新線路開業する計画となり、細かく開業している。並べ上げると九条中之島線が九条新道から渡辺橋、上本町線が上本町2丁目から天王寺西門前、曾根崎天満橋筋線が梅田新道から天満橋、谷町線が谷町六丁目から天満橋、北浜線が北浜二丁目から天満橋、今橋天満橋筋せんが天神橋から天満橋、玉造線が末吉橋から玉造、堺筋線が大江橋から日本橋筋三丁目、福島曾根崎線が福島西通から梅田新道、霞町線が恵美須町から霞町、靱本町線が川口町から谷町三丁目、西道頓堀天王寺線が桜川二丁目から天王寺西門前、天王寺西筋線が北浜二丁目から天神橋筋六丁目、松島安治川線が松島町一丁目から玉船橋、九条高津線が玉造橋から上本町六丁目、難波木津線が難波大国町、西野田線が船津橋から兼平町、西野田福島線が玉造町四丁目から福島西通と合計で13路線43キロの路線を明治末期から大正期にかけて開業している。

　書き上げるとややこしく思えるが結局のところは第二期路線延長に付随した形で路線延長をしているのが第三期路線延長の特徴であった。第三期路線の代表的な電停としては上本町六丁目、天神橋筋六丁目、天王寺西門前など、のちに私鉄などとの乗り継ぎ駅が多く出来たところにある。

　また南北を走る路線は四つ橋線以外にも堺筋と谷町筋にも市電が走るようになったのが特徴であった。まず代表的な電停として上本町六丁目を紹介する。上本町六丁目は現在でも近鉄のターミナル駅として大阪線が発車している駅で、開通は大阪電気軌道が大阪と奈良を結ぶために作ったターミナル駅であった。

　大阪電気鉄道はその後大阪線を開業した参宮急行電鉄などと合併し、戦時中には南海鉄道との合併で近畿

日本鉄道となった。戦後は旧南海鉄道部分を分離したが、残りは名古屋までの路線を持つ大型私鉄として国鉄が民営化されるまでは日本最大の私鉄として君臨していた。現在の上本町は、奈良線は地下線化され難波方面に延伸され、阪神なんば線と接続して阪神電車と相互乗り入れをしている。そうした上本町六丁目には南北の路線が明治期に開通、西からは1915（大正4）年に路線延長してきて、最終的には東にも路線延長をして十字の交差点となる電停となり、近鉄からの乗客を多くの方向に運んでいく電停となっていた。

◇　◇　◇

次に大きなターミナル前を走る場所は京阪電車との乗り換え地点として活躍した天満橋電停である。天満橋は1963（昭和38）年までは京都と大阪を結ぶ京阪電車の大阪側の起点駅として多くの京都行きの電車が発車している駅であった。なお天満橋の電停は京阪電車の天満橋駅より開業があとで谷町筋からの延伸路線として伸びてきたときに電停が完成している。

竣工間近の大阪市庁舎と旧淀屋橋。左側の電車は大阪市電堺筋線の501形、右は601形。写真の新庁舎は3代目で1921年5月に竣工し、1982年まで使用された。写真右端は府立中之島図書館。◎1921（大正10）年　提供：朝日新聞社

天満橋からは東西の路線の他に北側に空心二丁目までの区間が伸びていたが、同時に開業した天満橋から南側の谷町六丁目までの区間は戦時中に廃線となってしまっていた。そのため1959 (昭和34) 年当時の系統図を見ると天満橋電停は東西には3系統が走っていたが、北向きの電車は1系統のみであった。次に北側に行くと天神橋筋六丁目電停がある。この電停は南からは3系統の電車が、梅田方面からは4系統があり、トロリーバスも走っていた電停であった。

　天神橋筋六丁目には、京都と大阪を結ぶもう一つの路線として、現在は阪急電車となっている新京阪線の始発駅のターミナルビルが存在していた。戦時中の合併で京阪電車と阪神急行電鉄が統合され京阪神急行電鉄となったが、戦後の分離で新京阪線は阪急路線側に残り天神橋筋六丁目駅も阪急の駅となった。その後、地下鉄堺筋線開通に伴って阪急の天神橋筋六丁目駅も地下線化されてしまい、ターミナル駅ビルとしての役目は終わった。2000年代に入ってからも、テナント建物と残っていて市電が走っていた頃の光景が残っているところであった。

　また天神橋筋六丁目はもう一路線、阪神電車の北大阪線の始発駅ともなっていた。阪神電車北大阪線は阪神国道線の一路線として阪神野田駅から分離してきた路線で、天神橋筋六丁目で終点となっていた。小さなT型交差点であった天神橋筋六丁目であったが、鉄道でいえば要となった電停でもあった。

　第四期路線は1916 (大正5) 年に認可された区間で、第三期ほど多くの路線は無かったが重要な路線も含まれていた。まず路線は桜川中之島線の桜川二丁目から堂島大橋、霞町玉造線の霞町から玉造、安治川築港線の玉船橋から千船橋、松島南恩加島町線の松島二丁目から木津川運河、梅田善源寺町線の大阪駅前から都島本通、西野田桜島線の兼平町から桜島駅前、天満橋善源寺町線の天満橋から東野田九丁目の7路線の約25キロとなっている。また基本的には第三期路線の外側に延伸工事を行っている形となっているのも特徴である。

　阿部野橋電停は、ミナミのターミナル南海電車の難波駅以外にも現在のJR天王寺駅となる天王寺も和歌山方面の大阪側の玄関口として機能するターミナル駅前にあった電停であった。昭和期に入り阪和電鉄が開業すると天王寺駅も賑やかになり、また駅名は違うが天王寺駅の南側からは近鉄南大阪線が発車している。

　現在は、近鉄のあべのハルカスがそびえ立つ巨大な再開発で昭和初期の町並みの姿は消えてしまったが、鉄道駅にその名残がまだ残っている。また、現在も大阪の路面電車として活躍している阪堺電車の上町線の起点駅となっており、近年には新型低床電車が導入され頑張っている。大阪市電も残っていれば同じように低床の路面電車が走っていたことであろう。

　大阪駅側の延伸路線として都島本通の路線がある。これは従来の大阪駅前から北東方向に延伸した路線で、最後まで残った大阪市電の路線でもあった。電停

国鉄大阪駅前に設けられた、大阪市電南北線の大阪駅前停留場に停まる501形電車。付近に軒を連ねる駅前旅館や食堂は、阪神梅田駅の地下延伸に伴う区画整理で立ち退き準備中。梅田阪急ビル(現・阪急百貨店本店)から撮影。◎1936(昭和11)年　提供:朝日新聞社

としては大阪駅前の次の電停となる阪急東口という電停が阪急百貨店の東側から発車していた。1966(昭和41)年に大阪駅前から大阪市電が姿を消してからは、この阪急東口が大阪駅側で見られる大阪市電の姿であった。同区間にはトロリーバスも走っており、仲良く並んで走っている姿を見ることもできた。

今まで紹介した第4期にわたる延伸工事は計画をはっきりさせて延伸工事を行ってきた路線であったが、それ以外にもその時々の乗客輸送にあわせての延伸工事が戦中戦後の路線延長を含めると25路線にものぼっている。主に大阪市電網の東側の延伸工事が多く、これは東大阪側に多くの工場があったため、戦時中の工員輸送を主眼に置いての延伸工事だったと思われる。

それ以外にも戦後の住宅地の郊外化で路線延長をした路線もあった。東野田から今橋間などは昭和20年代に延伸工事が、森ノ宮東から緑橋までの区間は1957(昭和32)年に延伸工事が行われている。その他、戦時下の強制買収で阪堺線を買収した三宝線などもこの区分に

3章　大阪市電　81

入れておく。

　大阪市電の廃止は大まかに分けて４回に分けて実施された。第一弾の廃止は戦時中の路線整理のための廃止で、5路線が1944（昭和19）年から1945年にかけて行われている。次に廃止されたのは1946年から1966年までの間で、この間も基本的には地下鉄の開業に対しての廃止と、路線の整理での廃止が主であった。特にこの時期に廃止された区間は東西に走る区間の路線廃止が多く、1960年代前半には各2路線の東西南北を走る路線が廃止となってしまっている。

　また第二期路線で開通した四つ橋を中心とした南北東西路線も、この時期に廃止になってしまった。市電全廃が目の前に迫ってきた1967（昭和42）年から1969年2月にかけては最後に残った２路線以外が全て廃止され、残った阪急東口と守口間の路線と南側の玉船橋から今里車庫間も1969年4月1日に同時に廃止され、大阪の市電は全廃となった。

大阪市電の代表する車輌たち

【1形】
　２軸のオープンデッキの路面電車で、他の都市でも活躍した明治期の路面電車スタイルをしている電車であった。

【11形】
　第二期路線延長で大量投入された２軸単車のオープンデッキ路面電車。昭和初期には廃車が行われている。

【二階建て電車】
　ロンドンの２階建て電車を思い起こすスタイルをした２軸単車の２階建て電車でポールは車端部の屋根に装備されているのが特徴の電車であった。しかし活躍した期間は短く、明治期には廃車となってしまっている。

【500形ボギー車】
　1911（明治44）年に登場した大型ボギー電車で、台車はマキシマムトラックが装備されていた。また、日本で初となるエアブレーキを装備して登場したといわれている。

【801形】

木造車の1000形の台車などを使って車体を鋼製化したのが801形であった。1932（昭和7）年に5輌が製造され、その後、852号まで製造が続けられた。

【861形】
　1937（昭和12）年に旧2000形として登場した車輌で、2001から2010の10輌が登場している。901形と似た車体形状であるが、前面は平面では無く少し斜めになった流線型タイプとなっているのが特徴であった。1949（昭和24）年の形式改番で861形に変更されている。

【868形】
　1938（昭和13）年に旧2011形として20輌登場した車輌で、861形とは窓の大きさが変更され大きな窓が特徴的となった。1949（昭和24）年の形式変更で868形となり、一部の車輌は861形とともに2600形に改造されて廃車されたものもあった。

【901形】
　1935（昭和10）年に901形から950までの50輌が製造された車輌で、外見的には868形に似ているが、車体の絞りが変更され垂直面の無い電車として有名であった。戦災で9輌が廃車されたが、1949（昭和24）年の形式改番で番号は揃えられ、901から941になった。なお1936（昭和11）年に改造された858形として登場した車輌も後に901形に統合され、合計60輌の大所帯の車輌となった。

【1001形】
　1922（大正11）年から製造が開始された車輌で、当時は1081形と呼ばれていた。車輌数は1081から1250の170輌が製造され、戦災で被災した車輌などを除いて97輌が1949（昭和24）年の形式改番で1001形となった。1955（昭和30）年からは2601形に改造された車輌がある。

【1201形】
　1944（昭和19）年に阪堺電鉄から買収された電車で、1927（昭和2）年と1929年に製造された車輌を1949（昭和24）年の形式改変で1201形となった車輌であった。

【1301形】
　1301形も1201形と同じく阪堺電鉄からの譲渡車

輌で、1943（昭和18）年に製造された車輌であった。1959（昭和34）年には2601形に改造されている。

【1401形】

この車輌も阪堺電鉄からの譲渡車輌で7輌が譲渡されている。元は南海軌道線からの譲渡車輌で、戦災で被災した車輌を除いて1401形となった。1959（昭和34）年には2601形に改造されている。

【1501形】

1925（大正14）年と翌1926年に製造された車輌で、大半が戦災で被災してしまった。1949（昭和24）年の番号整理で1501から1522までの最終的には22輌となっていた。電気部品は国産製が使われた車輌で、廃車後は一部の部品が南海軌道線に譲渡されている。

【1601形】

1928（昭和3）年から100輌が製造された車輌で、半鋼製の車輌であった。しかし、多くの車輌が戦災で被災してしまい最後まで残ったのは45輌まで数を減らしていた。1949（昭和24）年の番号整理で1601から1645に整理されている。なお24輌が南海軌道線と広島電鉄に譲渡されている。

【1651形】

戦時中の1940（昭和15）年に製造された車輌で、1581形として登場している。形式変更で1651形になった車輌は、後に廃車後は広島電鉄に譲渡されていった。

【1701形】

1942（昭和17）年に登場した車輌で、1651形と同じスタイルをしている車輌であった。1949（昭和24）年の形式変更番号整理で、1701から1710の10輌に整理されている。廃車後は電気部品のみが長崎電軌に譲渡され、残りは1967（昭和42）年に廃車されている。

【1711形】

戦後初の新造電車として登場した車輌で、1947（昭和22）年から40輌が製造されている。外見的には1651形と似たスタイルで、1700形とほとんど変わりが無い車輌であった。3扉車であったが、1956（昭和31）年には2名乗車となったのを機会に1カ所の扉を閉め切りにした。市電全廃の前年に全車廃車されている。

【1751形】

1700形の増備車として登場した車輌で、40輌が登場している。改造などの経緯は1711形と同じでやはり2名乗務式に改造され、扉を1カ所閉鎖された。廃車も1968（昭和43）年のことであった。

【1801形】

1949（昭和24）年に登場した車輌で、1801から1832の32輌が登場している。外観的には先に登場した1711形、1751形と同じで電動機の違いから別形式となっている。先に廃車となった1600形から台車を譲り受け乗り心地は改善されたといわれる。廃車後は広島電鉄に8輌が譲渡されている。

【2001形】

1951（昭和26）年から40輌が製造された車輌で、この車輌から合理化で扉が2扉になって登場している。また、それまで続いた大阪市電は大型車であったがこの2001形は中型車として登場しているのが特徴である。台車は被災した1601形からの部品を使ったものでまた、当初よりビューゲルを装備して登場した車輌でもあった。外観色は後の大阪市電標準色の上側がクリームの下側が茶色のツートンカラーで登場した。またヘッドライトも腰下からおでこに移動しているのが特徴である。

【2101形】

1953（昭和28）年に登場した車輌で、外見的には2001形と同じスタイルで登場しているが、台車は新造されたウィングバネの新形式の台車が装備されていた。室内灯も蛍光灯化され、全自動の扉も採用されている。廃車は大阪市電全廃時までは持たずに1968年に廃車されてしまった。

【2201形】

末期の大阪市電スタイルをした2201形は、先に登場した3000形をもとにして製造された車輌であった。1954（昭和29）年に11輌が製造され、台車はゴム入りの弾性車輪が採用されている。また、制御装置も間接制御が装備されていた。1965（昭和40）年にはワンマンカー化が行われ、グリーンの帯が巻かれていたのが特徴であった。港車庫が運用されていた系統で使用されていた。

3章　大阪市電 83

【2501形】

1955 (昭和30) 年に登場した車輌であったが、スタイル的には既に登場していた3000形スタイルではなく、2001形のスタイルで登場している。外見的には2101形と同じだが、方向幕が大型化されていたのが特徴であった。市電末期の1969 (昭和44) 年まで使用されていた。

【3001形】

3000形の試作を元に量産化されたのが3001形であった。スタイルは3000形のものが引き継がれ、垂直カルダン駆動の高性能路面電車として大量の50輌が製造されている。廃車は市電末期の1966 (昭和41) 年頃から始まり、1969年の全線廃止まで活躍した。一部の車輌は九州の鹿児島市電に譲渡され活躍した。

【2601形】

戦前生まれの861形などを車体更新するために登場した車輌で、電気部品などは旧性能で登場したのが2601形であった。1955 (昭和30) 年から1961年までの間に114輌もの車輌が登場している。外観は3000形と同じスタイルで登場したために末期の大阪市電の顔として活躍した。大阪市電全廃時まで使用され、廃車後は一部の車輌が鹿児島市電と広島電鉄に譲渡されている。

【3000形】

和製PCCカーとして登場した3000形は、後の大阪市電の顔となる車輌スタイルを確保した車輌であった。1953 (昭和28) 年に登場した3000形は1輌のみの製造となってしまったが、廉価版として登場した3001形にその役目を引き継いでいる。室内は路面電車としては珍しくセミクロスシートが採用されたことも特徴であった。廃車は他の2601形、3001形より早い1966 (昭和41) 年のことであった。

トロリーバス

大阪市のトロリーバスは1号路線として大阪駅前から東淀川区の神崎橋までの5.7kmからスタートを切っている。戦前から大阪市ではトロリーバスの運行を考えていたが、実際に営業を開始したのは1953 (昭和28) 年9月のことであった。1号線に続いて営業を開始した路線は住宅地か進み多くの乗客が一気に増えた守口車庫前と森小路一丁目の今里間の7.4キロで、1957 (昭和

32) 年に開通している。

鴫野付近では国鉄片町線と平面交差することになり、電車線の電圧が異なるための電圧の切り替え装置を設置。円滑に通過できるよう特別な交差金具が開発された。車庫は守口に設置され、後に新深江から大池橋経由寺田町、天王寺西門前から阿部野橋までの区間が1958 (昭和33) 年に開通している。1960年には大阪駅前から森小路一丁目までの区間が開通し、分離されていた東西のトロリーバスが接続するようになった。また、この頃から早朝・深夜帯のみトロリーバスのワンマン運転化が行われている。また、大池橋から田島四丁目間が昭和36年に、その先、杭全町までの区間が1962 (昭和37) 年に開通している。

市電としては輸送量が過多であった区間のトロリーバス化が行われ、勝山町三丁目から玉造間、今里から玉船橋間が開通して最大営業距離38キロ弱、車輌数134輌、一日の乗降客数が18万人に達した。しかし、地下鉄の本格建設化が始まるとトロリーバスの廃止も行われ、最初に新深江〜今里間が1965 (昭和40) 年に休止後に廃止されたのを契機に、1970 (昭和45) 年6月までにはトロリーバス全線が廃止されてしまった。車輌は1953 (昭和28) 年の開通時に登場した100形が8輌、1956年から1961年に製造された200形が59輌、1956年から1963年に製造された300形67輌が製造され、トロリーバス運行を支えていた。

車庫

【市岡車庫】

大阪市電最初の車庫として1903 (明治36) 年に築港線に建設された車庫であった。大きさは小さな物で2軸単行車が、10輌ほど収容出来る規模であった。仮に出来たような車庫で早くも1908 (明治41) 年には廃止されている。

【九条車庫】

1909 (明治42) 年に現在の交通局近くに建設された車庫で、160輌もの車輌を収納出来る大型の車庫であった。車輌工場も建設され、最盛期には200輌もの車輌を収納していた。しかし発電所建設のために車庫は1921 (大正10) 年に廃止されている。

【梅田車庫】

1910（明治43）年12月に北区北野に建設された車庫で、一時期は車輌の修繕も行える車庫であったが、1923（大正12）年には廃止されてしまった。

【上本町車庫】

南区上本町に1911（明治44）年に建設された車庫で、2軸単行車を125輌も収納出来る車庫として建設されたが1927（昭和2）年に廃止されている。

【天王寺車庫】

南霞町に1912（大正元）年に開設された車庫で、210輌の車輌を収納出来る規模であり、当時では大きな車庫として建設されている。1920（大正9）年には九条車庫を移設する形で最大340輌を収納出来るまで拡大されている。1919年当時では他の車庫2軸単車ばかりの配置であったが天王寺車庫には当時の最新鋭の500形ボギー電車などが配置されていた。同車庫は市電廃止計画で廃線となった堺筋線とともに1967（昭和42）年に廃止されている。

【築港車庫】

西区八幡屋町に1921（大正10）年に建設された車庫で、築港線と安治川築港線の分岐点に車庫があった。しかし、工場地帯にあった車庫だったためか戦時中の空襲で大きな被害を受けてしまい、1945（昭和20）年6月に焼失してそのまま廃止されてしまった。

【都島車庫】

都島に1921（大正11）年に完成した車庫で、2軸単行車が220輌収納出来る大きさがあった。1945（昭和20）年の空襲で車庫も被災したが、翌1946年に半分の大きさで復旧されている。その後は市電全廃時まで使用された車庫であった。

【鶴町車庫（初代）】

1923（大正12）年に建設された車庫で、200輌もの車輌を収納出来る車庫であった。近くにあった福町車輌工場の受け入れもしていた。しかし1945（昭和20）年の空襲被災で焼失、仮復旧したが1954年に港車庫に移転され廃止された。

【春日出車庫】

1923（大正12）年に開設された車庫であったが、1945（昭和20）年の戦災被災で焼失した。1947年に復旧され、その後は市電が本格廃止された1969（昭和44）年2月まで使用された。

【今里車庫】

東成区の今里に1927（昭和2）年に開設された車庫。1945年の大阪での空襲被害では唯一焼失しなかった車庫であった。都島車庫とともに市電全廃時まで使用された車庫でもあった。

【三宝車庫】

元阪堺電鉄の路線であった車庫で、1944（昭和19）年に車輌・路線とともに買収された車庫であった。廃止は同線の廃止と共に行われ1968（昭和43）年10月まで使用された。

【港車庫】

戦後初の車庫として開設された港車庫は、1954（昭和29）年7月に完成している。地下鉄4号線の建設のために一部が転用され、1968（昭和43）年5月に路線廃線とともに廃止されている。

【鶴町車庫（二代目）】

二代目鶴町車庫は1960（昭和35）年9月に開設された市電最後の開設された車庫であった。しかし鶴町線が1967（昭和42）年に廃止されるとともに廃止され、約7年の短期間で廃止されてしまった。

3章　大阪市電　85

阪急百貨店を背に大阪駅前に停車する1000形は大正生まれの13メートル級車。行先表示に掲げる10系統は守口と肥後橋を結ぶ路線だ。
◎1957(昭和32)年12月15日

大阪駅前で発車を待つ680形。戦前派の車両は前面が傾斜した個性的な車体形状だ。◎1957(昭和32)年12月15日

梅田の阪急百貨店前を行く1651形。1960年代までは商都大阪を行き交う路線バスに、ボンネットタイプのものを見かけることがあった。
◎1960(昭和35)年3月7日

1915（大正4）年に完成した大正橋付近を走る大阪市電九条高津線の
501形。写真手前側で分岐するのは、木津川運河まで開通した大阪市
電の松島南恩加島線。大正橋は1974（昭和49）年に架け替えられた。
◎1925（大正14）年　提供：朝日新聞社

3章 大阪市電

南北線で土佐堀川に架かる肥後橋を渡る3001形。橋の中央部に軌道が敷かれていた。◎1958(昭和33)年1月2日

3章 大阪市電 91

南北線は肥後橋を渡って中之島に入った所で九条中之島線と平面交差していた。九条中之島線の渡辺橋〜船津橋信号所間は1960(昭和35)年に廃止された。◎1958(昭和33)年1月2日

3章 大阪市電 93

朝日新聞大阪本社の旧社屋を背景に南北線を進む1001形。歴史ある西欧の街中を彷彿とさせる光景だ。◎1958(昭和33)年1月2日

3章 大阪市電 95

西野田線玉川四丁目。当停留場付近で野田線は分岐し、西野田線を跨いで野田阪神電車前方面へ向かっていた。◎1959(昭和30)年12月25日

野田線の終点は阪神本線野田駅前。停留場に降り立つと前方に駅舎が見える。乗り継ぎ客にとっては分かり易い立地だった。◎1959(昭和34)年12月25日

開業から3日目の大阪市営地下鉄4号線(現・大阪市高速電気軌道中央線)大阪港駅。高架の下には務めを終えた市電築港線の軌道があった。◎1962(昭和37)年12月13日

急勾配の高架橋を渡れば阪神野田の駅前に出る。野田線は玉川三丁目と野田阪神電車前を結ぶ期外路線だった。◎1959(昭和34)年12月25日

堺筋線と土佐堀南岸線の電車が行き交った淀屋橋付近。やや古風ないで立ちながら戦後生まれの1801形が、日の丸を掲げて正月の大通りを走る。◎1964（昭和39）年1月2日

御堂筋に面して建つ大阪市役所の前を2601形が行く。1921（大正10）年に竣工した旧庁舎は1982（昭和57）年に新庁舎建設のために取り壊された。◎1964（昭和39）年1月2日

3章　大阪市電　101

御堂筋に沿った淀屋橋界隈には多くの金融機関が建ち並ぶ。今日では合併等で社名を変えた銀行がほとんどだ。◎1964（昭和39）年1月2日

日の丸をはためかせて正月の恵美須町付近を行くのは7系統の臨時列車。通天閣本通商店街の入り口にも国旗が掲げられている。
◎1964（昭和39）年1月2日

3路線が集まっていた上本町六丁目。交差点には近畿日本鉄道上本町駅、百貨店の重厚なビルが建つ。◎1967(昭和42)年3月3日

地元では「ウエロク」の名で親しまれている上本町六丁目。大勢の職員が乗降ホームの改修に当たっていた。◎1967(昭和42)年3月3日

市電の車両基地が隣接していた港車庫前。背景には大阪市営地下鉄4号線(現・中央線)の高架橋がある。◎1968(昭和43)年4月29日

堺市まで延びる阪堺線は、大阪市内の住吉区、住之江区を流れる住吉川を渡る。周辺は材木が浮かぶ貯木場だった。◎1968(昭和43)年9月29日

南海のターミナル駅が建つ難波千日前付近の賑わい。やや古典的な味わいの洋風建築と路面電車は、都会の風景に良く馴染んでいた。
◎1969(昭和44)年3月31日

3章 大阪市電 107

大阪市電で最後まで運行していた九条高津線。終点の湊町駅前停留場を折り返して出て行くのは1801形だ。◎1969(昭和44)年3月31日

末期は阪神高速道路の高架下となった湊町駅前停留場。湊町駅は現在のJR難波駅を指す。◎1969(昭和44)年3月31日

国鉄関西本線のターミナルに隣接する湊町駅前では、多くの乗り継ぎ客が市電を利用した。◎1969(昭和44)年3月31日

千日前通の下寺町付近を行く。背後を阪神高速道路が横切り、道路上では地下鉄5号線（現・千日前線）が建設工事の最中である。◎1969（昭和44）年3月31日

九条高津線千日前。市電が大阪から消える日に、大通りでは新たなビルの建設準備が進められていた。高度経済成長最中の1969（昭和44）年の街風景である。◎1969（昭和44）年3月31日

3章　大阪市電　113

近鉄南大阪線の大阪阿部野橋駅が入るビルを背に、自動車で混雑する谷町筋を行く。電車の行先は梅田善源寺町線の都島車庫前だ。
◎1969（昭和44）年11月29日

3章　大阪市電　115

阿倍野橋付近には市電の他に国鉄の天王寺駅、近鉄の大阪阿部野橋駅、南海(現・阪堺電気軌道)上町線の天王寺駅前停留場と、大小の拠点駅が集まる。◎1969(昭和44)年11月29日

九条高津線の上本町六丁目付近から東方を望む。千日前通は交差点付近で坂道になり、後続の電車が地面からせり上がるように現れた。
◎1969(昭和44)年3月31日

14系統は大阪市内を縦断して守口と阿倍野橋を結ぶ便だ。2601形は昭和30年代に製造され、都島車庫前〜大阪港間を結ぶ23系統の廃止後に、ワンマン仕様車が全て広島電鉄へ譲渡された。◎1969(昭和44)年11月29日

天神橋筋六丁目に入って来たのは都島車庫前行きの臨時便。電車は大阪市電の和製PCCカー3001形だ。◎1969(昭和44)年3月24日

3章 大阪市電 119

市電が自動車に紛れ込んでしまいそうな梅田善源寺町線廃止直前の様子。しかし、オート三輪の姿など、いまだ長閑な一面も垣間見られる。
◎1969(昭和44)年3月24日

4月1日の大阪市電全廃を控え、「65年間のご乗車ありがとうございました」と感謝の意を込めた横断幕を掲げ、3001形が年度末で混み合う通りを進む。◎1969(昭和44)年3月24日

梅田善源寺町線の起点、阪急東口付近の都島通を3001形が行く。後方には電車がもう1両いて続行運転のようだ。◎1969(昭和44)年3月24日

夕刻の阪急東口。家路に着く勤め人が列をなして市電を待ち、横断歩道には人波が途切れることなく流れる。◎1969(昭和44)年2月26日

運転最終日の千日前電停。電車は淡々と人を運び、乗客もまたいつも通りに市電を利用しているかのように見える。◎1969(昭和44)年3月31日

3章　大阪市電

野田線は玉川地区で国鉄の西成線(現・大阪環状線)を跨いでいた。1964(昭和39)年に大坂環状線の高架化に伴い野田線は廃止となった。
◎1959(昭和34)年12月25日

4章
神戸市電

神戸市交通局
開業：1910（明治43）年4月5日
廃止：1971（昭和46）年3月13日
軌間：1435ミリ（標準軌）

東海道本線の元町駅の南側エリアには、銀行、証券会社等の金融機関が集まっていた。◎1962（昭和37）年12月13日

4章 神戸市電

港町神戸を走るグリーンの路面電車

関西三都と呼ばれる京都・大阪・神戸にはどの都市にも路面電車が走っていた。神戸の路面電車は地形の面から東西方向に長い延伸距離を持った路面電車で、また、海と山に挟まれた土地柄、勾配区間を走るところもあった。神戸という地名の由来は神封戸の集落の名前からきていると伝わり、西国街道の宿場町として栄えた街でもあった。

鉄道が発展する前には海運の街として発展していた町で、松前船の出発地である兵庫津があったところでもあった。兵庫津は遣隋使時代に開校された港町で平清盛が貿易の拠点としても使用した港町であった。1868（明治元）年の兵庫港の貿易一般開港後は多くの外国からの貿易品が荷揚げされる街として発展してきた。

神戸市は1889（明治22）年当時、人口が13万人ほどの街であったが、明治の末期頃には41万人にもなる大都市に成長していた。北は六甲山、南は瀬戸内海（大阪湾）に挟まれた東西に長細い町並みで、山の裾から港までの間は2キロほどの距離しかなく、市電もその長細い街にそった形で東西に路線を延ばして運転されていた。

神戸に最初に路面電車が走ったのは1910（明治43）年4月のことであった。当時は現在のJR東海道本線、山陽本線となる路線と阪神電車が神戸の街と大阪を結んでいた。しかし、市街地の交通手段となるとまだまだ人力で行われることが多かった。そこに登場したのが後の神戸市電となる神戸電気鉄道であった。1906（明治39）年に認可を受けた神戸電気鉄道は1910年に1号線となる春日野道と兵庫駅間の約6キロが開通している。これが神戸市電の発祥となっている。その後1913（大正2）年に神戸電燈と合併して電力供給事業と一体化した神戸電軌が2号線となる布引線、3号線となる兵庫線の延伸工事を行った。

しかし民間での延伸工事も神戸市の発展には追いつかず、神戸市での路面電車延伸工事計画が進められ1917（大正6）年には神戸市電気局直営の神戸市電として再スタートが切られることになった。この時点では延伸距離は約13キロで車輛数は90輛強、一日の平均乗降客数は11万人を誇っていた。市電になってからの

延伸工事はまず熊内の延伸工事であった1919（大正8）年に開通している。そしてその翌年には大阪～神戸間の3本目の路線となる阪神急行電鉄の神戸線が上筒井駅まで開通している。そのおかげで東神戸と神戸市内、大阪とが結ばれるようになった。

山手線は上沢通七丁目までが開通し住宅地などが発展し、その後、1922（大正11）年には長田までの延伸工事が完成している。また同年7月には湊川線、12月には楠公東門線が開通している。1924（大正13）年には尻池線が、1928（昭和3）年には和田線開通して神戸市電の原型がほぼ完成した。しかし、路線延長はその後も続き1934年には税関線の複線化、1935年には東部国道線が開通して当時4本目の大阪～神戸を結ぶ路線として開通していた阪神国道線と接続するようになった。1937年には須磨線の全線開通と同時に、板宿線も開通している。

戦前の路線延長はここまでで、戦後は1949（昭和24）年に石屋川線が六甲口まで延伸、最終的には石屋川まで延伸され総延長は35キロとなった。京都・大阪・神戸の三都市の中では最も総延長距離が短い路線であるが、沿線には観光名所等が数多く存在していたのが神戸市電の特徴であった。それはやはり町並みが北側に山が、南側に海に挟まれた街の形状から発展した町だったからだと思われる。

神戸市電が活躍した街並みたち

石屋川（石屋川線終点）

神戸市電の最東端の石屋川は戦後に唯一開通した路線の終点の地であった。石屋川とは天井川で、現在の東海道本線に日本で最初に開通させたトンネルがあった川でもあった。市電は1953（昭和28）年にこの地までの延伸工事が行われている。石屋川線自体はほぼ住宅地の中を走る区間を走っている。直線の道路に敷設された路線は停留場の間隔が約200m間隔に設置され、発車してはすぐに停車を繰り返していた。これは電車のスピードよりは乗降客に対しての思いやりで電停数

高架駅として開通した阪神急行電鉄神戸駅(現・神戸三宮駅)。高架下の滝道(現・フラワーロード)を神戸市電の300形(1910年に開業した際のA車を1931に改造)が走る。◎1936(昭和11)年4月1日

神戸随一の商業地として栄えた三宮。そこには旧国鉄山陽本線、阪急神戸線、阪神本線の駅がひしめくように集まる。現在は地下化されている阪神の路線が地上にあった頃は、フラワーロード上に終点駅の滝道(神戸)があり、市電の停留場が隣接していた。

4章 神戸市電 127

が増やされたことに機縁しているようである。

将軍通（戦前戦中の東端部の電停）

　将軍通は石屋川線としては戦前（戦中時代）の東端部分の終点であった。開通は原田電停から将軍通までの区間が1944（昭和19）年のことで、戦時下の延伸工事であった。これはこの地が当時農地が多く、その物資を運ぶ手段としても市電が使われることもあったと伝えられる。また戦後の混乱期にも同じように物資輸送が行われていたようで、乗客より荷物の方が多く運ばれることもあった。

上筒井一丁目（石屋川線と布引線との接続電停）

　1920（大正9）年に開業した阪神急行電鉄神戸線の神戸側の終点として開業したのが上筒井駅であった。市電は前年の1919年に熊内一丁目から上筒井一丁目までの延伸工事が行われており、1936（昭和11）年の阪急神戸線三宮延伸までは上筒井駅が接続駅となり阪急電車で神戸に来た乗客は神戸市電に乗り換え、神戸市内に移動していた。阪急三宮駅開業後は接続駅としての役割も終わったが、住宅地が広がっていた同地では乗り換え客ばかりではなく、地元住民の足として多くの乗客を運んでいた。

布引と中央市民病院前

　布引線の名前の由来となっている電停で、近くには布引の滝という観光地があるところである。現在は北側に山陽新幹線の新神戸駅が設置され、神戸の玄関口の一つとなっている所でもある。また石屋川から布引の間は高低差・カーブなどは少しはあるがほとんど直線上に東西に路線が延びている区間でもあった。

　また市電があった頃には布引車庫が設置されていた所でもあった。中央市民病院前電停は、現在はホテルとなっているところに病院があったことからこの名前になっている。ここに市民病院が設置されたのは1953（昭和28）年のことであった。それから市電があった頃には中央市民病院前電停で慣れ親しまれたが1969（昭和44）年3月に市電は廃止されてしまった。病院自体は、1981（昭和56）年にポートアイランドに移転したために、この電停名を懐かしく思う人々の年齢層が上がってきているのが現状である。現在は地下鉄の新神戸駅が最寄りとなっている。

下山手四丁目

　官公街として兵庫県庁などがある下山手四丁目付近には大きな煉瓦立ての教会が立っていた。それ以外も官公街として県庁の建物など多くの建築物が明治時代から立ち並んでいたところであった。しかし、神戸空襲でも残った教会は阪神淡路大震災で被災してしまい、取り壊されてしまった。現在は同じスタイルをした煉瓦の教会が再建されているので、神戸市電が走っていたときと変わらない光景が再現されている。

長田駅

　長田電停は全国でも珍しかった電圧が1500vの山陽電車と600vの神戸市電が平面交差するところであった。また山陽電車も神戸高速鉄道が開通するまでは長田から兵庫の区間は併用軌道で、大型の20m級の電車（国鉄63系）のほか、山陽電車オリジナルの昭和20年代後半から40年代に登場した2000形ないし3000形の3連電車が行き交う路線であった。

　神戸市電との平面交差部は架線電圧の違いから、他の私鉄と路面電車との平面交差で見られた単純な構造ではなく大がかりの絶縁部分がある特徴的な平面交差であった。市電はこの区間は南北路線となっていたが、北側の五番町七丁目では進路を東に向けて山手方向を東に進んでいった。

三宮駅前・三宮阪急駅前・三宮阪神駅前

　名前の通りに阪急と阪神の三宮駅前に作られた電停であった。まずは阪急三宮駅前から話を進める。阪急の三宮駅までの延伸工事は阪神急行時代の悲願であった神戸の中心部に乗り入れるために工事された区間で、それまでの終点であった上筒井駅手前から分離して高架で三宮まで乗り入れる工事が1936（昭和11）年に完成している。市電はまだ神戸電気鉄道の時代にこの区間を完成させている。

　当時は現在の東海道本線が地上を走り市電が跨線橋（滝道跨線橋と呼ばれていた）で渡っていたが、1931（昭和6）年の東海道本線の高架化に伴い、線路は逆転され市電が平面を走り、東海道本線が高架橋を走るようになった。東海道本線と平行するように高架で完成した阪急の神戸線の三宮駅近くに阪急三宮駅前電停が作られたが、その南側にはすぐに阪神三宮駅前電停が建設され、またその東側には三宮駅前という東海道線の三ノ宮駅との乗り換え電停が作られ、近くに三カ所の電停が存在していた。

　なお、国鉄時代に最初に建設された三ノ宮駅は現在の元町駅付近に建設されたため、市電の三宮駅前電停は開業当初は滝道という電停名であった。また阪神三宮駅前からは東方向に脇浜町までの路線が分岐する起点電停でもあった。

日本一長い安全地帯をもつ神戸市電の三宮駅西口停留場。東海道本線と阪神神戸線のガード下に設けられていた。写真右手が1936（昭和11）年4月1日開業の阪急神戸線神戸駅（現・神戸三宮駅）、左手が東海道本線の三ノ宮駅。◎1936（昭和11）年　提供：朝日新聞社

神戸駅前

　神戸駅前は大阪〜神戸間に鉄道が最初に開通した神戸の鉄道の発祥の地である。現在の東海道本線として開通したのが1874（明治7）年5月のことで、これは東京の新橋〜横浜間の鉄道開業に次いでのことであった。

　神戸駅の国鉄区間の高架化は1931（昭和6）年のことで、それまでは市電と国鉄線が並んだ状態で寄り添っていたが、高架後は現在も使われているJR神戸駅が市電との乗り換え電停となった。そのような神戸駅前に神戸市電が走るようになったのは1910（明治43）年4月のことであった。神戸駅前の楠公前方面はS字カーブをしていた。逆に相生町四丁目方面には神戸市電唯一の専用軌道であった区間で駅前を通過する独特な路線形状をしているのが神戸駅前の光景であった。

兵庫駅

　兵庫駅の電停は神戸市電では東端、西端、北端、南端以外では珍しく中心部の終点の電停であった。電停前には現在の山陽本線の兵庫駅が電停の西側にあり、また神戸高速鉄道が完成するまでは山陽電車の兵庫駅が電停の前にあり、多くの乗客が乗り降りする終点型電停であった。

　神戸高速鉄道が開通すると山陽電車の長田付近から兵庫駅の併用軌道軌間は廃止されてしまい、西から来た山陽電車の乗客の乗り換え客も減ってしまった。そのためか山陽電車の神戸高速鉄道開業とともに1968（昭和43）年4月には神戸市電の兵庫駅付近の路線も廃止されてしまった。

相生町四丁目

　相生町四丁目は和田岬の跨線橋と同じく神戸市電では珍しい専用軌道の区間である。また、専用軌道上に電停があったのはこの相生町四丁目だけである。場所は神戸駅から西に向かった1個目の電停で、神戸駅を出た市電は専用軌道に入り200メートル程で相生町4丁目の電停に到着。そこなら道路に出て南進していた。

　センターポールの専用軌道で、末期の頃には神戸市電でも珍しい専用軌道の区間だっただけに多くのファンが訪れたところでもあった。現在は、片側1車線の一般道になっているが、ここに市電が専用軌道で走っていたときの雰囲気は若干だが残っているように思う。

和田岬

　和田岬近辺は大きな工場が沢山あるところである。その昔、現在のJRの東海道本線・山陽本線が地上時代には南北に走る神戸市電は、国鉄線を市電側の立体交差で越している区間が多くあったが、国鉄側が高架化されると逆に市電が地上を走るようになった。しかし、

この和田岬付近は和田岬線を立体交差する専用の跨線橋が残っていた区間であった。道路は地平のままで和田岬線とは踏切で交差していたが、電車は立派な鉄橋を渡っていたのが特徴であった。現在は和田岬線も通勤路線となってしまい、昔のように多くの貨物が行き交う姿を見ることも無くなってしまった。

金平町

金平町は兵庫と長田区を結ぶ和田・高松線にあった電停で1928（昭和3）年に開通した区間であった。この場所には日本最大と呼ばれた高松跳ね橋があったところで、この橋が出来るまでは和田線と高松線とは接続されていなかった。跳ね橋は運河を行く船舶のために設置されたもので、昼間の時間帯は陸上交通機関が優先、夜間は船舶が優先となっていた。28メートル程の長さになる跳ね橋であったが、完成から10年ほどで固定化されてしまい、跳ね橋としての機能は停止してしまった。金平町から高松跳ね橋を渡るとすぐに東尻池八丁目の電停があり、こちらからも高松跳ね橋を眺めることができた。

板宿

板宿電停は山陽電車の板宿駅で終点となっていたところであった。大橋九丁目から須磨行きの路線と分岐していた路線で板宿線と呼ばれていた。板宿線は常盤町、大田町、板宿と中2個の電停がある短い路線であったが、神戸市電が最後まで走った路線の一つでもあった。現在は神戸市地下鉄の板宿駅並びに山陽電車の板宿駅ともども地下線となっているために、神戸市電が走っていた頃の風景はなくなってしまっている。神戸市地下鉄は板宿を含んだ路線が創業路線で1977（昭和52）年に開業している。最後まで走った板宿の地に新しい地下鉄が開業したのも何かの縁があったのかも知れない。

須磨駅

神戸市電の西端の電停は須磨駅であった。離宮道から天神下を通過して須磨駅まで延伸工事が完成したのは1937（昭和12）年のことであった。工事は大正時代から開始されていたが沿線の工事に苦労し、建設開始から13年ほどの建設期間がかかってしまった。開通当初は市電の延伸と喜ばれたが、この区間には既に国鉄山陽本線に、山陽電車も開通した区間で競合相手が多い路線となり、乗客の取り合いとなっていた。廃止は競合相手が多かったからか、市電全廃より一足早く布掛町から須磨駅前の区間が1968（昭和43）年4月に廃止され須磨駅前に市電は来なくなってしまった。

脇浜町

脇浜町は1927（昭和2）年に開通した阪神国道線の西端の起点電停となったところで、神戸市電との乗り継ぎ電停となっていたところであった。神戸市電が阪神国道線戸の接続路線として開通させた東部国道線は1935（昭和10）年のことであった。それまでは神戸電気鉄道時代に春日道まで開通した路線が南側に敷設された栄町線があったが廃止されている。阪神国道線と神戸市電のそれぞれの起点電停となった脇浜町であったが、線路は繋がっていたが電停は少し離れた所に設置されていた。また、電車の乗り入れ運転が行われることは無かったが、非営業の電車の運転は神戸市電側から阪神国道線の芦屋付近まで運行されたこともあった。

廃止は、戦前に廃止された春日野道と三宮（滝道）区間と兵庫駅の東側になる柳原と和田岬方面の築島間を結んでいた路線を除き、モータリゼーションが激しくなってきた1966（昭和41）年から段階的に行われた。最初に廃止されたのは税関線で、1966年4月のことであった。次いで1968年4月に兵庫駅近辺の路線が廃止され新開地などから市電の姿が消えた。この他、三宮から阪神国道線との接続線となっていた脇浜町の区間と、西側は須磨駅と布掛町の区間が廃止されている。翌1969年には工場地帯を走っていた中之島～東池尻二丁目間と加納町三丁目から石屋川の区間が廃止され山手方向の路線も半分ほどになってしまった。徐々に中心部郊外部と順次廃止になってきた神戸市電も1970（昭和45）年には山手方面の路線が全廃され、最後に残ったのは三宮から楠公前、和田岬から板宿までの区間であったが、最後の路線も1971年3月に廃止され、神戸の街から市電の姿が消えてしまった。

車輌の遍歴

神戸市電では初期は番号では無くアルファベットで表記されていた。

【A車】

神戸電気鉄道時代に登場した車輌で2軸単車であったが、全長は約10mのドア付きの電車であった。番号は1から50であった。

戦前の神戸市電の名物だった「ロマンスシート」が復活した。路面電車専用車両のクロスシートは珍しかったが、1963（昭和38）年には混雑緩和のためにロングシートに取り替えられてしまった。◎1952（昭和27）年2月23日　提供：朝日新聞社

【B車】
　1912（大正元）年に製造された車輌で51から90号までの40輌が登場している。A車と同じく2軸単車の扉付きで登場している。台車がラジアルトラック（マウンテンギブソン台車）であったためにB車と区別されていた。

【C車】
　1919（大正8）年に登場した大型ボギー電車で、3扉車となった。番号は91から100となっていた。台車はマキシマムトラック台車が採用されている。車輌全長は約13mとなった。

【D車】
　1920（大正9）年に登場した低床の小型2軸単車として登場している。番号は101から150までの50輌であった。A車B車とは違い丸屋根スタイルで登場している。

【E車】
　1921（大正10）年に登場した3扉低床ボギー車として登場。車番は151から170までの20輌が登場している。

【F車】

　1922（大正11）年に元貨物電車を改造した木造2軸単行車で、171から175の5輌が自社工場で改造・登場している。

【G車】
　1922（大正11）年に登場した鋼製車体の車輌で、181から200までの20輌が登場している。2軸単車で登場した。後に車番は201から220に改番されている。

【H車】
　G車に続いて1923（大正12）年に登場した2軸単車で、車番は221から240までになっている。扉がこの車輌では2枚引き戸ドアが採用されている。

【I車】
　1923（大正12）年に登場した車輌で、3扉の鋼製車体を持った車輌として登場している。車番は531から550が採用されている。

【J車】
　1924（大正13）年に登場した車輌で、車番は551から562が採用されている。またこの車輌は前扉が2枚折り

4章　神戸市電　131

戸で登場している。

【K車】

1926（大正15）年、1927（昭和2）年、1928年に登場した鋼製車体の車輌。車番は563から587までが採用されている。

【旧500形】

1931（昭和6）年に登場したこの車輌よりアルファベット表記から番号表記に変更されている。車番は588から597までが採用されている。

なお500形の番号をもった車輌は後に500形にひとくくりにまとめられた。そのため500形とひとくくりにしても車体形状は6種類もあるのがこの形式の特徴であった。最初に登場したアルファベットタイプの車輌は昼間扉の戸袋窓が楕円窓であったのが特徴であった。また最後に登場した旧500形タイプは全溶接車体構造となり車体のリベットはなくなった。

1958（昭和33）年から車体更新が開始されだしワンマン化を目的とした2扉に改造されている。側面窓は1段窓で登場した車輌も全て2段窓に改造され扉も自動扉化されている。1971（昭和46）年の市電廃止時まで使用された車輌もあり、廃車後は広島電鉄に譲渡された車輌もあった。

【300形】

木造車で登場した車輌の鋼製車体化で登場した車輌である。301から330は大正元年に登場したB車の電気部品を使って登場した車輌で、1930（昭和5）年に登場している。側面窓は2段窓が採用され可動式のマウンテンギブソン台車は固定化されてしまった。戦災で2輌が廃車後に車輌番号整理で301から328になった。331から380はA車を改造した車輌で、1931年から翌年にかけて登場している。戦災で22輌が廃車され番号整理で329から356までに車番が改番されている。廃車は1968（昭和43）年から1969年に行われた。

【400形】

1931（昭和6）年から1935年にかけて登場した車輌で車体は300形より短くなり窓が1個減っている。元の車輌はD車・F車と電動貨車からの改造車が存在していた。戦時中には3輌が満洲に渡り、戦災では21輌が被災してしまった。1950（昭和25）年の番号整理で401か

ら421に変更されている。1960（昭和35）年に3輌が廃車され残りの車輌も1964（昭和39）年に廃車されてしまっている。

【600形】

1932（昭和7）年にC車から改造された車輌で、台車は元のマキシマムトラックのままであったが、取り付け向きは変更されている。中型の車体に改造された前後2扉でスタイル的には300形をボギー車にした感じであった。1969（昭和44）年に廃車されている。

【700形】

700形は1935（昭和10）年から1938年までに製造された車輌で、神戸市電スタイルを構築した車輌であった。室内は路面電車としては珍しく転換クロスシートが採用されたロマンスシートを採用した車輌であった。また塗装もそれまでの違いグリーンツートンカラーが採用されている。名目的にはE車とI車からの改造車で、戦災で18輌が廃車され残った22輌は戦後ロングシートに改造されてしまった。1969（昭和44）年から翌年にかけて廃車されている。

【750形】

戦後になる1949（昭和24）年から1953年にかけて登場した中型ボギー電車である。1953年に登場した756から760は700形で採用されたロマンスシートで登場しているのが特徴であった。しかし、1963（昭和38）年にはロングシート改造が施されている。廃車は1970（昭和45）年のことであった。

【800形】

1937（昭和12）年に登場した車輌で、700形は2扉で登場したが800形は中間に扉を備えた3扉で登場している。中央扉は4枚折り戸で室内はロングシートとなっていた。当初は10輌のみの製造であったが戦後にも製造が続けられ合計18輌が登場している。1969（昭和44）年から1971年にかけて廃車されている。

【900形】

戦後の新造車として登場した900形は1947（昭和22）年に3扉の大型車として登場している。戦前に答唱した800形とほぼ同じスタイルで登場しているが、台車は被災した700形などの電気部品を再利用している。922

から946はのちに中央扉を撤去して2扉車となっていた。廃車は1969（昭和44）年から1970年に行われた。

【1000形】

1949（昭和24）年に登場した車輌で、3扉の大型車として登場している。車体は800形・900形とほぼ同じであった。後に1960（昭和35）年から1962年にかけての改造で中央扉が撤去されている。1001と1002は試験的にパンタグラフの取り付けが行われた。廃車は1969（昭和44）年から市電全廃時までの間に行われた。

【1100形】

1954（昭和29）年に登場した車輌で、前後2扉で登場した750形を中扉式の2扉スタイルで登場させた車輌であった。台車はFS62で弾性車輪が採用された車輌であったが、制御器は直接制御の旧型を採用されていた。1960（昭和35）年に1104と1105の2輌が登場したが、この2輌が神戸市電最後の新造車となった。廃車後は広島電鉄に譲渡されている。

【1150形】

1150形は神戸市電での高性能路面電車として登場した車輌であった。1151が直角カルダン駆動車、1152が平行カルダン仕様で登場している。1956（昭和31）年から増備された1153から1158の6輌はさらに改良されてカルダン駆動車として登場している。しかし、保守の関係で1964（昭和39）年から1968年にかけて高性能の路面電車は、大阪市電からの旧性能の部品を購入して、制御器の直接制御器化、台車はブリル77-Eとグレードダウンされてしまった。1155号以外は広島電鉄に譲渡されている。

【100形】

老朽化した2軸単行車の300形・400形の置き換えのために、1964（昭和39）年から大阪市電から譲渡された車輌であった。101から120の20輌が登場している。塗装以外はほぼ大阪市電のままで使用されたが、ヘッドライトは神戸市電仕様となり腰下に移動されている。

【200形】

200形は100形とともに大阪市電からの譲渡車として登場した車輌で、1964（昭和39）年に導入されている。車番は201から215の15輌が登場した神戸市電では

唯一となったおでこにヘッドライトを装備した車輌として活躍したが、2軸単車の置き換えのために導入されたはずの100形・200形ともに1968（昭和43）年に廃車されてしまった。逆に2軸単車は最終的に300形が1969（昭和44）年まで活躍することになる。

【有蓋電動貨車10】

1964（昭和39）年に400kwで唯一戦災被災を逃れた406号を有蓋電動貨車に改造された車輌である。車体中央に大型の扉を取り付けられ、グリーン単色で活躍した。

【無蓋電動貨車11】

無蓋電動貨車は11から15の5輌が登場している。元は400形で411以降の車輌から改造されている。電動貨車としての使用もされたが、花電車としても活躍した車輌であった。

1953(昭和28)年に市内の山手に建てられた神戸市立中央市民病院。施設の前を布引線が通っていた。◎1954(昭和29)年12月26日

神戸市内の中央部を流れる生田川付近を行く750形。岸辺には植林されてまだ日が浅いと思しき木々が立ち、景勝地布引の滝への案内票がある。◎1954(昭和29)年12月26日

市内の繁華街を東西に結んでいた栄町線。阪神三宮を拠点として、多様な系統の電車が乗り入れていた。◎1962(昭和37)年12月13日

4章 神戸市電 137

大小のビルに囲まれた三宮から元町へ至る軌道。ビルの谷間から差し込む冬陽が、9系統の運用に就く500形を照らし出した。
◎1962(昭和37)年12月13日

石屋川停留場を起点終点として循環運転する5系統の運用に就いた400形。鋼製車体を載せた2軸単車である。◎1962（昭和37）年12月13日

高い木々が茂る大倉山公園の森を見て、2軸単車の400形が山手、上沢線を軽快に駆けて行った。◎1962（昭和37）年12月13日

街中から六甲の山並みを仰ぎ見る大通りを進む。100形は大阪市電から購入した801形を神戸市電向けに改造した車両だ。
◎1968(昭和43)年3月28日

神戸市電の西端部は海水浴場がある街、須磨。国鉄山陽本線の須磨駅と山陽電鉄本線の山陽須磨駅との連絡駅でもあった。
◎1968(昭和43)年3月28日

4章　神戸市電　141

国鉄山陽本線の兵庫駅には山陽電鉄、神戸市電の駅が隣接し、市内西部で鉄道同士の乗り換えが至便な場所であった。
◎1968(昭和43)年3月28日

4章 神戸市電

有馬街道上の平野線楠町六丁目付近で、山手の街平野を終点とする10系統の電車同士が擦れ違った。◎1968(昭和43)年3月28日

栄線から平野線が分岐する有馬道付近。栄え線は画面正面に見える国鉄東海道本線を神戸駅付近で潜る。◎1971(昭和46)年3月9日

兵庫臨港線は和田岬線の途中から分岐して、臨海部の市場、運送会社等の構内まで線路を延ばしていた。国鉄の貨物事業縮小により、1984(昭和59)年に廃止された。◎1971年(昭和46)年3月13日

運河に囲まれた臨海部を通っていた和田線。国鉄山陽本線の支線である和田岬線の終点、和田岬駅付近では、海側へ延びる三菱重工の専用線をトラス橋で跨いでいた。◎1971(昭和46)年3月13日

レンガ壁の倉庫が建つ臨海部の工業地帯を行く。1100形は初期車3両が自社工場製だが、1105号車は1960(昭和35)年に川崎車両で製造された。◎1971(昭和46)年3月13日

アーケードに被われた須磨区の板宿本通商店街の近くまで乗り入れていた板宿線。国道2号線を通る須磨線の大橋九丁目から分岐していた。
◎1971(昭和46)年3月13日

4章 神戸市電　149

池尻線の松原通五丁目〜東池尻二丁目間で和田岬線を跨いでいた。専用軌道の鉄橋上から、連なる自動車を見下ろして悠々と走る。
◎1971(昭和46)年3月13日

神戸市電末期となる1971(昭和46)年の国鉄神戸駅前。中小の旅館、飲食店が建ち並び、地方都市の風情が漂う。
◎1971(昭和46)年3月9日

3月に入ったとはいえ、街を吹き抜ける六甲おろしは未だ冷たい。コート姿のサラリーマンが大勢、神戸駅前で市電を待っていた。
◎1971(昭和46)年3月9日

4章 神戸市電 151

兵庫線相生町四丁目〜湊町一丁目間には神戸市電唯一の専用軌道区間があった。背景の高架は国鉄神戸駅。沿線は雑然とした雰囲気に包まれている。◎1971（昭和46）年3月9日

神戸駅前へ電車が続行で入って来た。先頭の便は須磨区の繁華街へ向かう板宿行きだ。◎1971(昭和46)年3月9日

臨海部の工場を望み、広々とした道路に敷設された和田線を走る。2系統は板宿を起点終点とする循環運転だ。◎1971(昭和46)年3月13日

和田線の中之島付近では、国鉄山陽本線の貨物支線である兵庫臨港線と平面交差していた。遮断機の形状が物々しい。◎1971(昭和46)年3月13日

兵庫線の神戸駅前停留場。国鉄神戸駅の南口に隣接し、ロータリー形状の駅前広場へ乗り入れていた。◎1971(昭和46)年3月9日

4章　神戸市電　157

運転最終日の三宮町一停留場。停留場の廃止とバス転換を告知する立看板があった。5系統の電車がいつも通りにやって来た。
ⓒ1971（昭和46）年3月13日

国鉄東海道本線の終点、神戸駅舎の前を通る1100形。煉瓦壁、色ガラスの窓と路面電車の取り合せからは異国情緒が漂う。
◎1971(昭和46)年3月9日

4章　神戸市電　159

写真・高橋 弘

1932（昭和7）年生まれ。京都市の東山・五条坂で戦前から続く写真館を経営。西日本各地を中心に、戦後まもない頃から数多くの鉄道写真を撮影。2011（平成23）年逝去。

文・高橋 修

1967（昭和42）年生まれ。京都市電全廃の頃から本格的に市電を撮影。国内のみならず海外における鉄道写真撮影をはじめ、鉄道模型製作なども手掛ける。

写真解説・牧野和人

1962（昭和37）年生まれ。写真家。京都工芸繊維大学卒。幼少期より鉄道の撮影に親しみ、2001年からプロカメラマンとして写真撮影、鉄道記事等の執筆に取り組む。鉄道雑誌・書籍等に執筆多数。

京阪神の市電アルバム
1950～70年代の京都市電・大阪市電・神戸市電

発行日 ……………………2018年10月5日　第1刷　　※定価はカバーに表示してあります。

著者 ……………………高橋 修
発行者 …………………春日俊一
発行所 …………………株式会社アルファベータブックス
　　　　　　　　　　　〒102-0072　東京都千代田区飯田橋 2-14-5 定谷ビル
　　　　　　　　　　　TEL. 03-3239-1850　FAX.03-3239-1851
　　　　　　　　　　　http://ab-books.hondana.jp/

編集協力 ………………株式会社フォト・パブリッシング
デザイン・DTP ………柏倉栄治
印刷・製本 ……………モリモト印刷株式会社

ISBN978-4-86598-841-3 C0026
なお、無断でのコピー・スキャン・デジタル化等の複製は著作権法上での例外を除き、著作権法違反となります。